Pequena

Coletânea de poesias

2001-2014

de *Willian Calera*

Matão – SP, Março de 2015

C149p Calera, Willian, 1985-
        Pequena coletânea de poesias / Willian Calera.
- Matão, SP :   2015.
        196 p. ; 20 cm.

        1. Poesia. I. Título.

                                        CDD-B869-1
                                        CDU:821.134.3

Índices para catálogo sistemático:

1. Poesia: Literatura brasileira 869-1

Registro na Biblioteca Nacional: *676.642*

Dedicado a todos que
já perderam algumas horas de sono

escrevendo ou lendo,

uma poesia.

"O poeta é um fingidor.

Finge tão completamente

Que chega a fingir que é dor

A dor que deveras sente."

Fernando Pessoa (em "Autopsicografia")

Prefácio

Um dos maiores dilemas de um escritor é organizar e nomear sua obra. Inicialmente, pensei em publicar separado cada parte deste livro. Mas cada parte em separado não daria um volume significativo. Então decidi juntar poesias de estilos diferentes, de assuntos diferentes e com até 14 anos distantes uma da outra. A única coisa em comum entre todas as poesias é a autoria. Por isso o título "Coletânea". "Pequena" porque uma grande coletânea só se daria após a obra de um escritor estar finalizada; o que não é o caso.

Para facilitar a leitura de poemas tão diversos, esta coletânea está separada em 4 partes:

I.   Poemas românticos: com a passionalidade própria de um adolescente. Não recomendada para maiores de 18 anos.

II.   Poemas não-românticos: poemas sobre diversos temas comum olhar mais concretista, analítico. Aqui, o amor é no máximo citado; e sem os 'exageros' da 1ªparte.

III.   Poemas góticos: como nem todos os dias são ensolarados, nesta parte o autor converteu rancores e temores em elegias. *Carpe noctem!*[1]

III.   Fé: Poemas sobre a busca por Deus (o que não abrange necessariamente, uma religião).

Boa leitura!

O Autor

---

[1]   (em latim) "Aproveite a noite".

Índice

Parte I: Poemas Adolescentes

Estas foram minhas primeiras poesias. Não se pode esperar grande beleza, técnica e principalmente, estabilidade do primeiro voo de um pássaro. Que dirá de um poeta. Ainda mais de um poeta adolescente.

Ainda hoje me pergunto:"Por quê escrevi estas poesias?" – diferentemente do pássaro, que nada se pergunta; simplesmente voa. Seria impulso, instinto? O que faria alguém reduzir sentimentos a letras? Talvez para torná-los mais claros para si mesmo. Para que em um monólogo interior, o autor pudesse esclarecer suas próprias dúvidas. Dúvidas estas, que preferiram o papel e a caneta como meio de expressão (entre 2001-2003 ainda não possuía computador). Mais até do que expressão: Confissão. Confissão de alguém perdido em meio a um sentimento totalmente novo.

Estrela da minha vida

Como o planeta que vaga sozinho
Assim passo os meus dias de dor
Rondando sem um caminho
Observando de longe o seu esplendor
Leva para longe de mim o que eu não quero viver
Infelizes dias que se formam sem você
Nas noites de escuridão
Esteja aqui para ser a minha guia

Tudo sem você é solidão
Estrela da minha vida

Agora percebi como você é bonita
Me olhando com a sua face tão linda
Ontem percebi que você é; a estrela da minha vida.

Novembro de 2001

Seu sorriso

Quando vi o seu olhar
Se afastou de mima razão
E a minha mente começou a caminhar
Rumo à imaginação

Imagino como seria
Tão belo o raiar do dia
Se você estivesse lá para olhar
Imagino como seria
Tão grande o brilho das estrelas
Se elas fossem se inspirar
No seu olhar
Imagino como seria
Tão belo o fundo do mar
Se você estivesse lá para mergulhar
Imagino como o céu
Se encheria de encanto
Se você virasse um anjo
Imagino quanto mais brilhante seria
O mais belo diamante
Se fosse colocado em seu pescoço um dia
Imagino o quanto ia me desanimar
Ficar sem ao menos de vez em quando
O teu sorriso apreciar

Imagino… imagino…imagino…
Talvez você ache o texto repetitivo
Mas é o que eu imagino
Quando vejo o seu sorriso
E eu digo quantas vezes for preciso:

Por mais problemas que possam surgir
_ _ _ _ _ _ _, não deixe de me sorrir
Se no mundo há algo de bonito
É o seu sorriso.

Quando o amor desperta o coração

Sempre caminhei sozinho
E nunca vi nada de ruim nisso

Só queria seguir meu caminho
Tão certo, tão claro, tão preciso

Até que um dia aconteceu um imprevisto
Pra tirar meu sossego, meu descanso
Um sentimento até então desconhecido
Que iria me deixar em pranto

Mal podia imaginar
Que em olhos de se admirar
Tanta decepção podia se esconder
E que no seu singelo olhar
Eu iria me perder

Mas não há nada a se fazer
Quando o amor desperta o coração
A não ser adormecer
Em meio a ilusão

Mas não há nada enfim
Que possa tão bom ser
A ponto de não ter o seu lado ruim

Pode parecer pessimismo pensar assim
Mas foi o que vi
Quando o amor o meu coração despertou
Uma ferida profunda foi só o que ficou
Da qual ele ainda mal se curou

Pois quando o amor desperta o coração
Pela primeira vez
É tão grande a ilusão
Que acelerado o coração começa a bater
E se enche de emoção
Ao ver um simples sorriso
E começa a se fascinar
Ao perceber um brilho
Em singelo olhar

Fevereiro de 2003

Suave sensação

Era apenas mais uma noite, cheia de escuridão
Que acontecia na minha vida
Até o momento que você segurou a minha mão
E deixou aquela noite tão resplandecente
Quanto o brilhar do dia

Suave sensação
Ao segurar sua mão
Lentamente sentia
O calor que do seu corpo vinha
E que meu corpo percorria

Me vi em pleno dia
caminhando pelos bosques de flores formosas
acariciando sua pele macia
mais macia que as pétalas das rosas

mas enquanto sonhava acordado
vi decepcionado
aquela suave sensação tinha acabado

Me vi em plena escuridão
Caminhado desiludido
Procurando sentido
Procurando uma explicação
Do por quê fim ter tido
Aquela suave sensação

Cheguei a conclusão
De que aquela suave sensação na verdade
Era como uma paixão
Dura um segundo uma ilusão
Dura muito mais uma saudade

Talvez eu seja
Apenas mais um entre tantos que todo dia
Se vislumbram com sua beleza
Mas tomei liberdade de te escrever esta poesia
Não para tocar o seu coração

Porque talvez já tenha outro em sua vida
Mas para me expressar de forma definitiva
Pois certamente enlouqueceria
Se guardasse dentro de mim
Sentimentos e sensações
Tão fortes assim.

21 de março de 2002

Ciúmes

Dentro de um aflito coração
Um sentimento pode aparecer
O sentimento de maior devastação
De quem tem medo de perder
Que faz fora de si mesmo ficar
Que faz quem está perto se afastar

Se pudéssemos olhar
O coração de um ciumento
Facilmente iria se notar
Batidas aceleradas a todo tempo

Para um ciumento
Cada segundo longe da pessoa amada
É um tormento
Por isso a persegue a todo momento

O ciumento faz papel de ridículo
E não tem a menor preocupação com isso
Á um sinal mínimo de desconfiança
Age feito uma criança

Um amor exagerado
De quem ama e não quer perder
Assim esse sentimento tão complicado
Explicado pode ser

E que se controlado for
Pela confiança em quem se ama
Se tornará em vez de dor
A medida certa do amor

Abril de 2002

Caminhada pelo deserto

Esta noite,
Tive um sonho sem querer
Sonhei justamente,
Com quem gostaria de esquecer...

Caminhando sozinho pelo deserto
Seguindo meu caminho tão incerto
Que ficou assim,
Ao não tê-la mais por perto

O vento soprava a areia no meu rosto
E a areia atingia meu olho
Fechando-o, fiquei imaginando
Como seria seu olhar ficar apreciando

Ao calor do sol escaldante
No meu corpo sentir
Meu pensamento incessante
Começa a me iludir
Ao imaginar a minha pérola brilhante
E seu brilho na minha vida refletir

Quando o meio-dia se aproxima
Ela, ao longe meu olho avista
Corro até ela pensando estar cansado
O que me impulsiona é aquele rosto, a imagem
Mas quando penso tê-la alcançado
Vejo decepcionado
É tudo miragem!

Fui enganado
Pelas mãos da ilusão
Enquanto corria motivado
Buscando encontrar paz para o meu coração
Ainda assim...

Quando o sol começa a se pôr
E o céu se enche de cor
É como na minha vida
Que dentre tantas
Uma cor predomina
Vermelho, a cor do amor

Depois de caminhar um longo dia
Por aquele deserto hostil, sem compaixão
A noite se aproximava tão fria
Parecia imitar como eu queria
Que estivesse meu coração

Já perdi toda esperança que tinha
De tê-la em minha companhia
Estou ainda ressentido
Vendo a desilusão
Enterrar meu coração
Nas areias do deserto infinito
Chamado de solidão

Caminhando por esse deserto percebi
Que ali não havia como sair
Tudo era grande demais para se localizar
Foi aí que comecei a pensar
Que o deserto e o labirinto são como o amor
Se entra com a irrefletida ilusão
De que se vai sair quando da própria vontade for

Pense assim
Como um dia também pensei
E cairá nas areias do deserto sem fim
Onde também me dispersei

Deserto chamado Solidão
Onde não sei dizer exatamente
Se fui parar por amar perdidamente
Ou por tentar me encontrar em uma paixão

Eis que assim
Minha caminhada pelo deserto terminou
Porque o sonho chegou ao fim
Mas na minha vida, minha razão iniciou
A busca por uma nova inspiração
Já que meu coração
Enterrado na areia do deserto ficou.

6 de março de 2002 – quarta-feira

A garota da janela

Aquela seria
Apenas mais uma tarde em minha vida
Aquele seria
Apenas mais um simples dia

Se você não fosse até a janela
E despertasse minha curiosidade
De saber o que há do outro lado dela

Me aproximei de você
Curioso para saber
O que de belo podia ter
Do outro lado da janela

Casas e prédios, paisagem tão comum da cidade
Nas ruas e avenidas, uma certa tranquilidade
Olhei distante
Mas não havia nada de interessante

Olhei para você
E começamos a conversar
Depois de algum tempo
Sem que você pudesse perceber
E sem que eu pudesse me controlar
Comecei a olhar
Fundo em seu olhar

E a reparar
Na paisagem que nele se espelha
E que magicamente

Mais bela ficou

Mas a principal paisagem que meu olhar desfruta
Não é a flor desenhada na sua blusa
Mas uma bela flor que perfuma o ar ao meu lado
E com seu olhar tem me mostrado
Uma paisagem de deixar fascinado

Pois somente nos teus olhos
A paisagem se completa
Somente nos olhos
Da garota na janela

21 de junho de 2002

Seus lábios

Em um simples dia desumano
Aquecido pelo calor do sol insensível
Fiquei então pensando
Por quê a vida é tão difícil

Quase não tenho tempo para escrever
Seria mais fácil deixar tudo passar
Mas ao sua boca ver
Não pude me contentar
Só em olhar

Tinha que descrever
Pois era o momento mais lindo
Que já tinha me ocorrido

Embora desconhecido
Pois nunca tinha escutado
Alguém dizer
Que tinha se encantado
Aos lábios de uma mulher ver

Pois nunca tinha lido
Uma descrição parecida com aquela em algum livro
Jamais tinha visto
Paisagem tão bonita em uma tela
Quanto a que tinha surgido

Surgido inesperadamente
Naquele dia tão lindo
Bem em minha frente

Lábios singelos
Atentamente observo-os
Não pareciam ter batom ou qualquer outro produto de beleza
Talvez por isso fossem belos
Eram feitos à maneira da natureza

Aliás, que belo trabalho o dela
Na tua boca pequena
E nos lábios que a acerca
Pôs contornos tão bem definidos
E tão suavemente arredondados
Que tem se assemelhado
A um céu de um dia claro e límpido

Onde as nuvens arredondadas
Quando pelo sol são iluminadas
Se diferenciam do contorno azul do horizonte
Criando uma paisagem gigante
Um contraste impressionante
Mas...

Certamente não mais fascinante
Do que ver o contorno dos seus lábios nesse instante

Onde o vermelho é tão intenso e vívido
Nesses lábios que o sol tem iluminado
Me eram muito parecidos
Com o mais belo rubi já encontrado

Eu nunca vi um rubi
Mas acredito que a sua cor e brilho
Sejam semelhantes a ti
Ó lábios desta bela dona

Pois igualmente, nunca tinha visto lábios assim

Observo distante
Aquela boca molhada
Enquanto sua dona por um instante
Se distrai na sala de aula

Mas de repente
Ela que estava de lado
Olhando para a lousa atentamente
Se vira para frente
O momento mágico tinha acabado

Igual quando se está sonhando
Com algo belo e se vê despertado
Então meu coração preocupado
Ficou me perguntando

Se eu voltaria novamente a sonhar
Se eu poderia um dia desses
Os teus lábios beijar
Responda-me, inspiração da minha poesia
Para que meu coração consiga
Da terra das dúvidas escapar.

Setembro de 2002

Segredo dos lábios teus

Há algum tempo
Desde que começamos a conversar
Eu comecei a reparar
Nas coisas que você diz
Tão baixinho que eu não consigo escutar
Então fico tentando desvendar
O segredo que nos lábios teus
Resolveu ficar

Com o olhar distante
E aparência calma
Por um instante
É como se você conduzisse minha alma
Rumo a imaginação

Começo a imaginar
Onde estará a letra daquela canção
Será de alguma música popular
Ou será que vem do seu coração?

Continuo a imaginar
Como seria
Em vez de sussurros
Aquela melodia
Um dia escutar

Estou treinando muito
Para ler os lábios teus
O meu único intuito
É saber quais são
Os sentimentos seus
Para ver se eles são
Iguais aos meus

Se o que tem cantado
É algo que nunca tinha escutado
Ficaria muito honrado
Em poder ouvir
Você cantar para mim
Se não for muita pretensiosidade
Da minha parte

Algumas pessoas costumam dizer
Que você tinha um amigo inventado
Que só você podia ver
Que injustiça disseram de você
Entenderam-te errado
Não compreenderam que eram pensamentos

Que da sua mente tinham aflorado.

Junho de 2002

Por que te amo?

Às vezes, quando a noite se aproxima
E não consigo esconder a solidão dentro de mim
Então uma dúvida bandida
Me rouba a paz dizendo: -"Por quê teve fim ?"

Se é que realmente teve um começo
É então que penso
Por que dentre tantas que havia
Tinha que "escolher" aquela menina
Não que eu tenha me arrependido
Mas será que pelo menos em um segundo da sua vida
Ela me queria?

Esta á mais uma dúvida não respondida
Porque não há a quem perguntar
A musa da minha poesia
Parece nem me olhar

Por que te amo? É amor demais
Nem mesmo eu consigo entender
São tão naturais
As razões que me levam a você

Então fico pensando:-"Por que te amo?"
De muitas já gostei
Mas só você eu amei
Eu ainda não entendi
O sentimento que senti

Que me fez ver nos olhos seus
A idealização dos sonhos meus

E os sonhos mais risonhos
Mas que ficaram apenas em sonho

Mesmo quando você estava distante
Pensava em você a todo instante
Sonhava acordado e dormindo
Com aquele anjo lindo
Que na minha vida tinha surgido
Mas como sou esquecido
Não me lembrei
Que lugar de anjos é no céu
Agora sei, porque não comprovei
Se aqueles lábios tem mel

Mas continuo sem saber
Por que te amo
Não consigo te esquecer
Porque te amo
Quero continuar a viver
Em vez de em sonhos me perder
Por que te amo?

Uma última esperança, me faz ficar pensando
Que um sentimento profundo
Não pode ter sido um engano
Então conto cada segundo

Que falta para minha esperança acabar
Paras as suas respostas não ficar esperando
E nem mais me perguntar:
"-Por que te amo?".

Outubro de 2002

Poeta Decadente

Comecei a escrever
Porque acreditava
Que o mais difícil era ter
Alguém que me inspirava

Mas quando esse alguém eu encontrei
Simplesmente me fascinei

Foi então que pensei
A minha musa encontrei

Comecei a escrever poesias
Motivado pela sua beleza
Mas a timidez aos poucos me vencia
E as deixava trancadas em uma gaveta

Foi então que tive meu primeiro sonho com você
O primeiro de muitos
Que até hoje não consegui esquecer

E numa imensa vontade
De viver os sonhos na realidade
Te entreguei minhas poesias
Deixei expostos todos meus sentimentos
Por ti, minha timidez perdia
E no doce momento que te via
Tudo o que eu queria
Era sentir o gosto dos teus lábios
Um momento de magia
Onde o gosto da tua boca
Finalmente experimentaria

Mas ouço decepcionado, um simples:"-Acho que não…"
O que será que há de errado?
No meu coração, decepção
Na minha mente, um ponto de interrogação
Me perguntando se eu seria feio demais
Cativante de menos
Ou se seria você
Que já tinha outro na sua mente?
Ou será porque não fui poeta suficiente
Para te dizer exatamente
O quanto você é importante pra mim
Fracassei enfim
Em achar palavras que explicassem tanta beleza
Exterior e interior
Que definissem com certeza

Quão grande é meu amor

Talvez porque eu seja simplesmente
Um poeta decadente
Então não faz mais sentido continuar (a escrever)
Se não terei mais uma musa para me inspirar
Ao menos que você queira
O meu sonho realizar
O sonho; de seus lábios beijar.

3 de outubro de 2002

Desilusão

Ah, se eu pudesse saber
O que se passa no seu coração
Todo o meu orgulho iria perder
E ia me deleitar nessa paixão
Bastava um sim ela me dizer

Se pudesse prever
Um não em um lugar de um sim
Jamais ela iria saber
O que se passava dentro de mim

Agora posso dizer
Que conheço o amor
Depois de me prender
Nesse espinho de dor

Se alguém quiser saber
Como é o amor
Escolha a montanha mais alta que houver
E a escale por onde mais difícil for

As pedras se soltam
A areia cega o olhar dos apaixonados
Seus sentimentos para trás não se voltam
Pois pelo mais doce desejo são incentivados

Mas quanta ingenuidade!
Achar que dentre tantos apaixonados
Teria eu a imensa felicidade

De no alto da montanha do amor ter chegado

Muitos amam
Muitos veem beleza no alto das montanhas
Vários de nós as escalam feito loucos
Mas poucos chegam até o topo

O mesmo aconteceu comigo
Quando estava quase conseguindo
Pedras começaram a se desmoronar
Agora estava perdido
Pois cairia nas águas do mar
Chamado Desilusão

Mas...
Tão alta era a montanha da qual eu caía
Que muito tempo ainda tinha
Antes de cair na imensidão
Das águas da desilusão

Enquanto isso, procurei uma definição
Uma definição para o que acontecia
Uma definição, do que o amor seria
Uma explicação do sentimento que em mim havia
Era tudo o que eu queria

O dia se escurecia
E uma estrela no céu surgia
Mas logo desaparecia
Com uma nuvem espessa que o céu encobria
Isso era tudo o que eu via

O barulho do vento ainda era
Tudo o eu ouvia
Enquanto caía
Rumo ao mar, à imensidade
Somente na velocidade
Da aceleração da gravidade......

Definição do amor

Comecei a pensar
Em um modo do amor definir
Talvez você possa me perguntar
Se não seria melhor esse sentimento sentir

De imediato posso te responder
Que o amor
Razão e noção nos faz perder
Pelo menos é o que pode perceber
Este simples observador

Simples observador
Que conhece de perto essa dor
Chamada amor

Pois amar é se arriscar
A andar por um belo jardim cheio de cor
E apreciar uma flor
Arriscando sentir seus espinhos de dor

Amar é ter coragem
E dividir seus sonhos com alguém
É ter coragem de se expressar
E ter seus sentimentos compreendidos por ninguém

O amor é o mais supremo dos sentimentos
Montanha alta que se escala sem perceber
Onde os mares estão cheios de tormentos
Reina o amor que vem nos envolver

Nas agitadas águas do desejo
Nas tempestuosas águas
Da inquietação onde eu me vejo
Sufocado pelo mar
Perdendo o ar
Que me trazia inspiração

Enquanto as águas afligiam meu olhar
Não consegui mais enxergar e copiar

Todas as poesias que no meu coração viviam
Talvez porque não há mais quem me inspirar
Sem me decepcionar

Porque quem me inspirou
A escrever poesia
Não me falou
Que o amor tanta desilusão trazia

Esse sentimento que feria
O meu coração
Espero que uma nova inspiração
O cicatrize um dia

Abril de 2002

Depois da Tempestade

Eu estava em um mar
Sendo afogado pela desilusão
Era tanta desorientação
Que não tinha forcas para lutar
Contra minhas próprias mágoas
E alcançar
A superfície das águas

Onde a tempestade enfurecida
Incentiva o mar a carregar
Tudo que no caminho havia

Tempestade que eu sabia de onde vinha
Minha razão me chamando a atenção
Tentando me livrar
Das memórias que me fizeram naufragar
Nas águas da desilusão

Os raios que iluminam o céu nublado
Junto com os movimentos das águas

Pareciam me deixar hipnotizado
Pareciam ser cordas atiradas
Para que eu fosse resgatado

Os meus sonhos
Admiráveis sonhos que tive com meu amor
Enterrei no fundo do mar
E busquei uma pedra para em cima pôr
Para nunca mais lembrar
O quanto se sente de dor
Quando se sofre por amor

Comecei então a flutuar
Depois das lembranças abandonar
E desesperadamente me segurar
Nas cordas destinadas a me salvar
Meros reflexos dos raios na água do mar

Ao chegar a superfície, o vento em meu ouvido
Era só um distante ruído

O vento frio
Em meu rosto
Só não era maior que o gosto
De ter tido alívio
De ver o sonho impossível esquecido

Na água, com os olhos fechados
E os braços abertos
Como se o topo de uma montanha tivesse alcançado
Me senti liberto
Ao não tê-la por perto

Pela primeira vez
Depois de a conhecer
A noite vou ver
Sem querer
Ela ao meu lado ter

Enquanto meu pensamento voava embora
Como o pássaro voando feliz para fora de sua gaiola
A maré me leva até a praia
O meu corpo na areia se espalha

Minha visão, não mais se atrapalha

Talvez motivada
Pela tempestade que agora se acalma
Parece imitar a minha alma
Que teve sua paixão curada
Depois de mergulhada
Nas águas da desilusão

Como a brisa
Depois da ventania
Como a tranquilidade
Depois da tempestade
Como a alegria
Depois da lamuria
Como a calmaria
Depois da fúria

Foi então que tirei a alma e o coração
Das águas da desilusão
E do pesar de uma paixão não correspondida
Agora me desprendia

Paixão que deixei no fundo do oceano
E poderei continuar a minha vida
Sem ter o amor me guiando
Agora em uma terra desconhecida
Estou morando...

23 de dezembro de 2002

Magic Eyes

It was a wonderful night
Era uma noite maravilhosa
When I'd see the beautiful light
Quando vi a bela luz
Light that hide in your eyes
Luz que se escondia em seus olhos

Oh, magic eyes
Ó olhos mágicos
That make me lost the notion of time
Que me fazem perder a noção do tempo
Oh, magic eyes
Ó olhos mágicos
That drive me a site
Que me conduzem a um lugar
Named paradise
Chamado paraíso

This is all that I can explain
Isto é tudo o que consigo explicar
In all millions of feelings
Em milhões de sentimentos
That I feel when… I see your magic eyes
Que eu sinto quando…Eu vejo seus olhos mágicos
I see in your magic eyes
Vejo em seus olhos mágicos
The most shine pearls
As pérolas mais brilhantes
When you are by my side
Quando estás do meu lado
The happiness is real.
A felicidade é verdadeira.

November, 2001

What´s your dream

Rose Angel: Dream
Rose Angel: Sonhe
The dream is a product of mind
O sonho é um produto da mente
That lead us forward
Que nos leva para frente
That make us have an objective of life
Que nos faz ter um objetivo de vida
And my dream now, its feel the warmth of your arms
E meu sonho agora, é sentir o calor de seus braços
And your? And your *Rose Angel*?

E o seu? E você *Rose Angel*?
What's your dream?
Qual é o seu sonho?

September, 2002

When the loneliness holds me

When she said no to me
        Quando ela me disse não
The dreams gone lost in distance
        Os sonhos se perderam
At start, I didn't give it importance
        De início, não dei atenção
But when the loneliness hold me
        Mas quando a solidão me abraça
Dreams are only an ideology
        Sonhos são só uma ideologia

The darkness blackin' my soul
        A escuridão sombreando a alma
The time is so slow
        O tempo é tão lento
My heart is throw away in the snow
        Meu coração atirado à neve
My eyes in the night
        Meus olhos na noite
No light can see
        Nenhuma luz podem ver
When the loneliness holds me
        Quando a solidão me abraça
When she is right in front of me
        Quando ela está em minha frente
The loneliness holds me
        A solidão me abraça
So tight, that I can't set me free
        Tão forte, que não posso me libertar
Of my crazy fantasy, that makes me believe

Da minha insana fantasia, que me faz acreditar
That still resists some hope in love
Que ainda há algum esperança no amor

I hope to find someone
Espero encontrar alguém
One of these days
Um dia desses
To at last know what's love
Para enfim saber o que é o amor
When I takes an angel with an embrace
Quando abraçar um anjo
I'll say there's my place
Eu direi aqui é meu lugar
Then I'll get my freedom
Então serei livre
But by now
Mas por enquanto
I'm living under wilderness kingdom
Vivo sobre o reinado da solidão
When the loneliness holds me
Enquanto a solidão me abraça

December, 2002

Love Definition

Even a simple poet placed
Como um simples poeta
In a doubts site
Em uma terra de dúvidas
I try to find a way
Eu tento encontrar um jeito
Of love define
Do amor definir
Maybe would be more easy
Talvez fosse mais fácil
Than stay writing still
Do que ficar parado escrvendo

This feeling feel
Este sentimento sentir

But I want know
Mas quero saber
What's this that many are feeling
O que é isto que muitos sentem
But nobody know define
Mas ninguem sabe definir

But I want try to find out
Mas quero tentar descobrir
If love is an emotion hided in a mouth
Se o amor é uma emoção escondida em uma boca
A mad desire
Um louco desejo
Or only pass the time with someone
Ou apenas passar o tempo com alguém
To don't look stars alone; at night…
Pra não ver estrelas sozinho à noite
The darkness round my life
A escuridão ronda minha vida
All is so out of love
Tudo é tão sem amor
So tight, so cold
Tão severo, tão frio

The stars in the sky
As estrelas no céu
Are a hard code
São um dificil codigo
It only be discovered
Ele só pode ser descoberto
By the hearts alone
Pelos corações solitarios
To love is be dreaming

Amar é estar sonhando
When in two hearts
Quando em dois corações
This dream have a meaning
Este sonho tem um significado
Even an embrace with warm
Como um abraço afetuoso
Even a desired kiss
Como um beijo ardente
But love may be
Mas o amor pode ser
A big of lie
Uma grande de uma mentira
When only one believe
Quando só um acredita

By think it all
Por pensar isso tudo
I ask me if doesn't is better
Pergunto-me se não seria melhor
We dream together
Nós sonharmos juntos
If you look the stars alone in the night
Se você olha estrelas sozinha à noite
I make my invite:
Faço meu convite:
"Go we dream together?"
"Vamos sonhar juntos?"

25 de Novembro de 2002

You'll Never Find!

Sometimes, i don't know why
Às vezes não sei porquê
She seems a little unhappy
ela parece um pouco triste
Is this true or a mistake from my eyes?

Será verdade ou engano dos meus olhos?
A little girl with a look so sad
Uma garota com um olhar tão triste

A soul so good
Uma alma tão boa
But I no understood
Mas não entendo
What's make you sad
O que a deixa triste

And I ask to me
E me pergunto
Is she dreaming away
Estará ela sonhando
Or waiting for her prince?
Ou esperando por seu príncipe?
Most likely anyone different of me
Provavelmente não sou eu

The life goes and I stay
A vida segue e continuo
Even that bound to the wilderness
Como aquele solitário
That desired your kiss one day
que desejou seu beijo um dia

Everyone of us, need a smile, need a kiss
Todos nós, precisamos de um sorriso, um beijo
And you don't must live without it
E você não deve viver sem isto
If don't with me
Se não comigo
With another may be
Com outro pode ser

But baby, you'll never find
Mas bem, você não encontrará
A warm soul to hold you
Uma terna alma para te abraçar
When there's winter outside
Quando estiver frio lá fora
If you don't open your heart
Se não abrir o seu coração
To someone new
Para alguém novo
A blow of cold wind
O sopro de um vento frio
It wanna be all you feel
Será tudo o que você irá sentir
And the raindrops sound on the ground
E o som das gotas de chuva no chão
It wanna be all you hear
Será tudo o que você escutará
Else a thunder so near
Ou então um trovão próximo
Don't you feel a little fear my dear?
Não tens medo minha querida?

I dare to say
Ouso dizer
The wilderness is a nightmare
A solidão é um pesadelo
If you don't awake
Se você não despertar
It never go away
Ela nunca se despedirá

Don't need be that bound to the wilderness
Não precisa ser aquele solitário
May be anyone
Pode ser outro
But you don't must be alone
Mas você não deve ficar sozinha

Even like a faded flower we are

Como flores muchas nós somos
Or falling star
ou estrelas cadentes
If the heart turns in stone
se o coração virar pedra
Just to don't love anyone
Só para não amar ninguém

But you need be aware, my dear; care!
Mas você precisa ser avisada, meu bem, cuidado!
Because you'll never find
Porque você nunca encontrará
Someone to love you
Alguém para te amar
At the same way that I
do mesmo jeito que eu
That I love you
Que eu te amo

I would hope you find
Espero que você encontre
Someone to love my dear
Alguém para amar, meu bem
But neither try
Mas nem adianta
At right time; when he say something
No exato momento, que ele disser algo
You will hear
Você escutará
And remember of me
e se lembrará de mim
And about the things I'd write and say
e das coisas que eu escrevi e disse
He'll never say and write the same
Ele nunca dirá e escreverá o mesmo
Because baby, you'll never find

porque bem, você nunca encontrará
someone to love you the same way that I
alguém pra te amar do jeito que eu
That I love you
que eu te amo

Is it set your mind Rose Angel?
Tens isso em mente, Rose Angel?
You'll never find!
Você nunca encontrará!

July, 7th 2003

Onde é meu lugar

Nesta nostálgica tarde sem-fim
Fiquei caminhando pelo jardim
Tentando encontrar
Onde é meu lugar

Eu bem que tentei
Acariciar as pétalas das rosas
Mas em espinhos me machuquei
As lágrimas escorreram impetuosas
O sangue jorra
Nem tanto pelas feridas
Mas por uma paixão não correspondida

Procurei então, caminhar entre a folhagens
Embora de longe fossem bonitas
Pareciam-me mais uma miragem
Na qual olhando de perto
Falta algo de belo
Talvez as formas e as cores
Que se encontram nas flores

Entre as árvores, caminhei
Quando a mais bonita olhei
Em sua calma sombra me deitei
Mas nem ali me encontrei

Então vou continuar
Sem saber
Onde pode ser
O meu lugar

Onde será o meu lugar?
Será entre as pedras, no leito do mar
Ou será nas profundezas deste com os corais?
Ou será tarde demais
Para me preocupar
Em procurar?

Pois quando certa garota vi
Muito tempo perdi
Pensando que entre aqueles braços
Meu lugar estaria
Mas o contrário
Ela me dizia

Se não é nos braços dela
Onde será
Que me entregarei a uma paixão sincera
Onde será o meu lugar

As estrelas, são belas de se olhar
O alto das montanhas, tem o poder de fascinar
O azul das águas do mar
Muito bem me faz
Quase tanto quanto azul do céu

Mas isso, nada seria
Comparado a encontrar algum dia
Em minha vida
Uma menina cheia de emoção
Para me falar
Que em seu coração
É o meu lugar.

10 de janeiro de 2003

Quando as estrelas se separam

Há algumas noites que tenho olhado
O céu tão belo, tão estrelado
Mas dentre tantas estrelas que tem brilhado
Duas delas me deixam aflito, preocupado

No céu, no meio daquela imensidão
Não acredito
Falta uma constelação
Um triste vazio
No meio de um céu tão bonito

Enquanto duas estrelas seguem ao léu
De lados opostos do céu
Por quê a estrela maior com a menor não se junta
Para que brilhem no céu como se fossem uma?
Da minha mente não sai essa pergunta

As estrelas podem ser ainda mais bonitas
Se brilham unidas
Meus olhos não se conformaram
Razão alguma encontraram
Do porquê aquelas estrelas se separam

Que maravilha seria
Uma bela estrela iluminando minha vida
Mas a estrela maior da menor se distancia
E o brilho dos olhos dos românticos se apagam
Quando as estrelas se separam

Quão triste deve ser
Ser uma estrela pequena
Em vez de tocar só poder ver
Uma estrela maior que um adeus acena

E se afasta ao longe
Distante…
Bem no fim do horizonte
Do meu sonho constante…

Uma insana esperança

Ainda me faz acreditar
Que a próxima vez que olhar o céu
Vou ver uma estrela com a outra se juntar

Pois o brilho das estrelas se apagam
Quando as estrelas se separam

As estrelas…
Já as tentei esquecer
Mas a noite, como podem meus olhos dormirem
Ainda que em sonho tenho que ver
Aquelas duas estrelas se unirem
Senão qual razão pode ter
Um poeta para escrever
Se todos os seus sonhos se acabam
Quando as estrelas se separam.

28 de setembro de 2003

Suprema Descoberta

Sempre quis saber tudo
Interiormente, sei que me iludo
Mas eu procuro
O estudo que me conduz

A saber a velocidade da luz
Saber do som, sua velocidade
Saber a teoria da relatividade
A convergência intergaláctica
O tamanho da Via Láctea
Descobrir o submundo dos prótons
Elétrons, nêutrons e fótons
A transcinergética
E a teoria eletromagnética

Descobrir tudo isso foi demais
Mas falta algo mais

Descobrir um jeito de ir à Marte?
Uma nova fonte de eletricidade?
A técnica correta
De um gravador que possa pôr em nossas mentes
O conhecimento de todas as eras?
Ou quem sabe, um carro que não precise de combustível
Descobrir tudo isso seria incrível!

Mas há algo; que me tira o sono quando me deito
A descoberta de algo mais supremo
Que todo mundo diz que conhece
Mas eu desconheço

Que coisa mais injusta é esta!
Eu que pela ciência tenho tanto apreço
Não me foi permitida tal descoberta?

Foi quando encontrei
Alguém que descobriu isso primeiro
Quando esse sujeito questionei
Ele me disse que não tinha erro
Tudo podia ser perfeito
E me disse o que deveria fazer
Se quisesse esta descoberta ver

Do jeito que ele mandou
Eu fiz
Mas de nada adiantou
Pois nada descobri

 O que ele me disse, vou repetir
Talvez você sinta curiosidade de descobrir
O que eu não descobri

-"Se você quiser ser conhecedor
De tal descoberta
Quando alguém do seu agrado for
Deixe a porta do seu coração aberta
E escreva nela
As três palavras mais belas:
Amor, amor,… amor."

23-24 de março de 2003

E o amor?!Sobreviverá?

Completando o ciclo da rotina
Do intenso e cansativo dia a dia
Voltamos para casa apressadamente
Para então poder descansar

Mas ultimamente
Dormimos em um sono tão profundo
Que não conseguimos sonhar
Ainda que por um minuto

Antes de dormir
Começo a pensar nos meus amores antigos
É o que me faz concluir
Que o amor anda mais decadente que um anjo decaído

Amores que ficaram só na memória
Ah, se eu pudesse mudar essa história

Um coração dentro do peito
E tanta maldade lá fora
Será que há algum jeito
De amá-la agora?

Enquanto pensava
Pelo sono fui vencido
No outro dia, a tela da tv mostrava
Histórias de amor ruins, não acontecem só comigo

Foi então que comecei a me preocupar
E a me perguntar:"E o amor, sobreviverá?"

Guerras no oriente médio
Levando inocentes ao cemitério
Embora a batalha esteja distante
Serão eles as únicas vítimas?
Depois disso, continuará constante

O valor da vida?

E se ávida não tem valor
Quem pode garantir
Que no coração de quem vive vai existir
Um resquício de amor?

Entre mortos e feridos
Entre ofensas e orações
Entre gritos e gemidos
Entre lamúrias e ostentações
Tem o amor sobrevivido
Em nossos corações?

A guerra é a principal, mas não é a única culpada
Mesmo quando não havia na televisão essa notícia
O amor já declinava

Ferido pela rotina do dia a dia
Que acaba com o tempo do homem
De dar a sua amada carícias
Que muito tempo consomem

O amor, esquecido dia após dia
Enquanto a felicidade se dilacera
Talvez o normal seria
Esquecer as coisas belas
Para conseguir viver
Nesse mundo de guerras

Eu, poeta dos mais sinceros sentimentos
Reconheço agora, o que eu mais temia
Que enquanto irmãos estão em sofrimento
Pensar em poesia
Em amor, é quase uma heresia.

Pássaro ferido

Voando distraído
Por este céu infinito

Ah, não acredito!
Fui atingido
Pela flecha do cupido

Que azar o meu
Logo pensei
Mas a flecha na hora não doeu
Foi então que me apaixonei

Daquele momento em diante
Nada foi como antes
Vi um anjo que agora era minha inspiração
E meus olhos brilhantes
Tinham uma incontida emoção

A todo instante
Procurando chamar sua atenção
Fazia voos rasantes
Voei desenhando um coração

Alegre como uma criança inocente
A convidei para entrar nele
Mas aquele anjo celeste
Embora nada me disseste
O seu silencio e seu olhar reprimiam
Os sentimentos que no meu coração haviam

Mas isso só agora percebi
Porque o amor é cego e disso só me lembraria
Enquanto pra bem distante de mim
Ela desapareceria

Mas a distancia aumentava, aumentava
Cada vez mais e mais
E o vento que no meu ouvido soprava
Me perguntava:"-O que procurais ?"

-Meu amor, que de mim se afastou
-Não sabes onde estais? – O vento se calou

-Então onde estou?
-Que meu amor foi e não voltou
-Vou lhe dizer
-Você precisa saber
-Embora a verdade doa demais
-É tu que se afastais
-Tu sabes que diz?
-Jamais me afastaria
-De alguém que amaria
-Se vê-la me faz feliz
-Esqueça o que disse
-Olha para baixo
-Sei que é triste
-Mas teu coração está machucado
-É você que do céu está caindo
-E do seu amor se despedindo

Então meu ouvido
Mais nada ouviu
Porem meu olhar se abriu
E as palavras do vento pude confirmar
Uma flecha o meu coração partiu
E não consegui mais ter forças para voar

Enquanto caía sem pensar em nada
Pra esconder minha decepção sonhava
Sonhava em cair
Em meio a um jardim
Nos braços de uma menina
Alguém que enfim
Pudesse sarar as feridas
Que há dentro de mim

Pois sou um pássaro ferido
Caindo por um amor não correspondido
O anjo que amei
Sozinho esquecerei
Da minha mente o tirarei
Mas a decepção amorosa
Pela qual meu olhar ainda chora
Só poderá ser resolvido com uma alma afetuosa

Alguém que entrasse no meu coração

E as suas metades juntasse
Para que o sangue que dele jorra
Os meus sentimentos não desperdiçasse

Agora sou um pássaro ferido
Desde que fui atingido
Por aquele que atira flechas de amor sem destino

Mas não o posso culpar
Se suas intenções eram boas
Pois ele faz o amor felicitar
A maioria das pessoas

E ele não tem culpa simplesmente
Se fui me apaixonar
Justo por um anjo que eternamente
No céu vai morar

Agora só me resta sonhar
Com a possibilidade mínima
De cair no colo de uma menina
Que o meu coração ira curar

Não é preciso muito
Só um pouco de carinho e atenção
Se isso acontecer, retribuo
Com todo o amor
Que nascerá do meu coração

Para mostrar quão verdadeiro isso pode ser
Talvez queira saber
Como pode um pássaro escrever
Se ele nem se quer tem mãos?

Se em algum momento pensou nisso, tens toda razão
Mas esta poesia foi escrita
Com o sangue que gotejou da ferida
Que ainda há em meu coração.

17 de maio de 2003

Querer e poder

Nesta vida
Já ouvi muitas mentiras
Mas a maior que já ouvi dizer
É que querer é poder

Quem foi o sujeito desprezível
Que inventou isso?
Será um lunático
Ou um sádico?

Como uma mentira dessas
Se propaga por eras
Tanto quero
E tão pouco posso
O tempo que espero
Este é mais do que eu posso

Se eu pudesse controlar o que sinto
O tanto que quero
Certamente não estaria sozinho
Se pudesse achar a sabedoria
Novas duvidas encontraria
Se pudesse querer o poder
Não mais que um orgulhoso iria ser

Queria poder voar
Pra poder brincar de desenhar
Nas nuvens, faria um coração
Para então…

A primeira menina que daquele desenho gostasse
E comigo junto as nuvens a levasse
Um convite iria lhe fazer:
"-Vamos juntos, eu e você
Moldando as nuvens com as mãos
Escrever nossos nomes no coração"
Mas isso não posso fazer…

Poder amar

Me faz querer voar
Mas…posso voar?
Embora queira amar?
Então, querer e poder
A mesma coisa não podem ser.

25 de junho de 2003

Dunas

Simples traços
Desenhados sobre a areia
São obras de um artista atrapalhado
Pode-se dizer que têm beleza?

As dunas
Essas dunas
Que tu ó vento delineou
Tens pressa em fazer em sua escultura
Tens pressa em mudar o que criou

Como um artista incansável
Que reúne e espalha
Grãos de areia no deserto e na praia
Para compor sua obra interminável

Como o artista frustrado
Que algo queria ter desenhado
Mas não conseguindo
Fica envergonhado
E quer voltar tudo do inicio

Às vezes, o vento se acalma
Parece que desiste
Mas num outro instante
Novamente insiste

E para que ninguém veja
A escultura que não deu certo

O vento joga areia
No olho de quem passa por perto

Deixe-me ver essa escultura
Inacabada que chamamos de dunas
Ó vento, não tenha vergonha, não apaga!
Eu te ajudarei a terminá-la

Pois as dunas
Essas esculturas tuas
São como a minha vida
Quadros inacabados, de um inexperiente artista

Talvez se um dia alcançarmos a perfeição
Tu possas desenhar algo digno de admiração
E eu possa desenhar
Tudo o que há
Em meu coração.

26 de junho de 2003

Tão Simples de Entender

Há tanto tempo
Que venho tentando descobrir
O que se passa no seu coração
Mas até que enfim consegui
Completar essa missão

Não Era pra ser tão difícil assim
Pois é tão simples de entender
É que o amor é cego
E por um tempo não vi
Que você não gostava de mim
Não do mesmo jeito
Que eu gostava de ti

Mas agora que meu amor murchou
Como uma flor que você não se preocupou e abandonou
É que consegui ver
Que era tão simples de entender

Através do seu olhar

Queria me falar
Que no coração seu
Não havia a mesma emoção
Que havia no meu

Rose Angel, agora pode ficar descansada
Agora sei que cada vez que se calava
E com o olhar distante ficava
Enquanto me declarava
É por que simplesmente, não me amava

Isso é tão simples de entender
Mas eu demorei pra perceber
Que tudo o que você queria me dizer
É:"-Eu não amo você …"
Mas não sabia como fazer

Quão amiga você é!
Nada quis me falar
(Talvez) com medo de me magoar
E sem dizer
Nem uma palavra
Me fez ver
Que você não me amava

Tão simples de entender
Que alguém seu amor não quer ter
É só olhar no fundo dos olhos e ver
-motivado pela razão-
Em vez do coração
Se eu fosse um pouco mais atento nesse instante
Teria percebido isso muito antes

Mas tudo bem, agora acho que aprendi
Como fazer pra saber
Se alguém sente o mesmo por mim

7 de julho de 2003

A Melhor e a Pior

Altos e baixos
Depressões e planaltos
O bom e o ruim
Tudo se contradiz enfim, certo? ERRADO!

Às vezes, o melhor e o pior
Juntos podem estar
E foi em você
Que eles resolveram se encontrar

Você foi a melhor
Você foi a pior
Por motivos que não valem a pena dizer

Talvez nem se importe em saber
Mas no meu coração foi só você
Que conseguiu ficar
Em primeiro e em último lugar
Porque dentro dele não havia ninguém
Além de você

Então posso de dizer:
Você foi a melhor
Você foi a pior
Da minha vida inteira
Simplesmente, porque você foi a primeira

É claro que antes de te conhecer
De outras meninas já gostei
Mas foi só você
A menina que eu amei

Amarei outras
Mas a nenhuma outra
Haverá tal estranha possibilidade
De manter essa simultaneidade

Pois nesse coração

Foi a única que a melhor e a pior se tornou
Porque até então
Somente a ti ele amou.

8 de julho de 2003

Alma Gêmea

Nos dias da minha criancice
Minha mãe me disse
Que a minha alma gêmea um dia encontraria
Mas meu coração não predisse
Que tanto tempo demoraria

Minha alma gêmea
Onde estará você
Se tu tens uma existência
Meu desejo é te conhecer

Tão calado que fui com tantas meninas
Esperando para falar dos meus sentimentos à escolhida
Minha alma gêmea
A quem meu coração da solidão salvaria

Mas quando pensei tê-la encontrado
Não foi assim que aconteceu
A dona dos lábios que haviam me inspirado
Me negou um simples beijo seu

É então que penso e me arrependo
De durante tanto tempo
Ter sido tão puro em meus sentimentos
Devia ter sido um devasso

Um sem-vergonha safado
Um leviano
Que fica com centenas por ano

Mas tenho medo de ser malvisto
Quando aparecer minha alma gêmea
De perder a pureza de tudo que sinto
De perder a minha inocência

Minha alma gêmea
Onde estará você
Se tu tens uma existência
Não deixe morrer
Os meus melhores sentimentos
Sem que eles possam te conhecer
Pois te conhecendo
Sei que por muito tempo
Eles irão viver

Se tu quiseres me encontrar
Vem depressa sem tardar
Minha alma vai continuar a te chamar

Durante a noite, meus olhos vão chorar
Por não ter a quem amar
E onde a tristeza mais alto falar
É lá que me encontrarás!

29 de abril de 2003.

Enquanto a chuva caía

Um dia,
Em uma noite de verão
Enquanto a chuva caía
Espalhando suas gotas pelo chão
Da realidade eu me despedia

E me dispersava em uma ilusão

Pois enquanto a chuva caía
Era no lugar das gotas que eu me via
Nas gotas da chuva que caía

Algumas caem em jardins
Sobre as pétalas das flores
São como crescem enfim os grandes amores

Outras caem em águas
Que vão formar o frio mar da desilusão
Onde os insensíveis diluem suas mágoas
Onde os românticos sentem a falta da paixão
E creem que precisam se livrar dela
Pra pôr no lugar da desilusão, solidão

Mas então outras gotas de chuva
Caem com suavidade e doçura
Em uma alma tão dura
Semelhante a tua

Mas quando me fiz como as gotas da chuva
E me joguei em seu coração
Na terra descoberta que lá havia
Não brotou nenhuma paixão

Naquela terra vazia
Nenhuma flor nascia
Mesmo enquanto a chuva caía
E eu me perguntava
Por quê você não deixava
Entrar no seu coração
Tocá-lo com a minha emoção
Fazer da sua vida
A paisagem mais linda

Cair como água cristalina
Na sua vida vazia
Pra fazer brotar do seu coração
A mais bela flor
Chamada amor

Nisso eu pensava, isso eu queria
Enquanto a chuva caía
Você poderia me amar algum dia
Assim nenhuma gota de chuva se confundiria
Com uma lágrima minha
E motivo pra tristeza eu não teria
E eu desejaria
Que fosse assim
Enquanto a chuva caía

A chuva passa
Meu amor não
Meu sentimento não se iguala
A uma chuva de verão

Meu amor não reconhece o tempo
Só me importa o sentimento
Que tenho por você
Que é sempre o mesmo

E a saudade só crescia
Enquanto a chuva caía
E no seu coração eu me via
Como uma gota que caía

(Data:? Anterior a 2006)

Medo de Amar

Eu não tenho medo do escuro
muito menos medo de altura

mas há um medo mais profundo
para o qual procuro a cura

    será no seu coração
    que essa cura estará?
    Pois me escondo na solidão
    por puro medo de amar

Sim, eu sei que é vergonhoso
que enquanto muitos temem algo perigoso
algo ameaçador
eu temo....o amor

    Ele que está bem comportado
    guardado aqui dentro
    sai sem ser chamado
    quando a olho por um momento

e penso:
  "Vou até ela agora
  vou dizer o que sinto
  mas e se ela me vê só como amigo?"
  é então que desisto

Mas quando olho sua face tão linda
vejo a personificação do que me fascina
Inteligência, beleza e simpatia
E quando penso na alegria
que seria ganhar um beijo seu
não há ninguém mais corajoso do que eu

    Mas quando começo a pensar
    em tantas coisas que queria
    mas não pude alcançar
    é que me vem como uma neblina fria
    uma névoa, em que minha coragem fica perdida

Um medo de amar

E eu me estremeço de medo
com esse receio
de pedir para alguém
me deixar entrar em seu coração
de pedir para alguém
me ensinar a voar desta solidão
esse sombrio lugar
que não sei se quero continuar

por quê a dúvida?
É que tenho medo de a decepcionar
e também deixá-la
com medo de amar

23 de setembro de 2003

Parte II: Momentos de Reflexão

     É nessa parte da obra que, creio; concentra-se o melhor encontro entre técnica e temática. Melhor técnica porque as poesias são um pouco mais elaboradas nas rimas, com versos menos assimétricos (ao contrário da 1ª parte). Melhor temática porque são abordados os mais diversos assuntos. Os poemas dos que mais me orgulho desta parte, são os de arte.

Á alguém especial

Me lembro quando eu acordava
Ao ouvir um barulho na madrugada
Eu voltava a dormir
Mas você se preparava
Para trabalhar e seguir
No novo dia que começava

Embora fosse estudioso
A vida não lhe permitiu ter o gosto
De terminar os seus estudos

Mas não fez disso
Motivo para que tivesse desistido
De fazer o melhor
Pelo seu filho

Desde os livros da escola
Até um simples brinquedo
Ele se esforçava o dia inteiro
Para pagá-los com o suor de seu emprego

Hoje, tudo o que sou

Tudo o que tenho
É resultado de alguém que se esforçou
Desde quando eu era pequeno

E estas linhas não são mais
Do que um mero agradecimento
Um jeito que tenho
De dizer que reconheço
O esforço imenso
De uma das pessoas mais especiais
A quem simplesmente, chamo de "pai".

05-06 de Agosto de 2006

Arte na antiguidade

Pinturas rupestres
Nas cavernas de antigamente
Pode não ser surpreendente
Mas temos que reconhecer a iniciativa
De quem começou, a arte primitiva

Dizem que foi no paleolítico superior
Que a primeira manifestação de arte se iniciou
O homem que(por obrigação) era caçador
A sua presa começou a desenhar
Por acreditar
Que assim o seria mais fácil caçar

O misticismo, o começava dominar
E na imortalidade passou a acreditar
Quando civilizações mais tarde iriam por decidir
Gigantescos monumentos aos mortos construir

Sobre a abiótica areia do deserto
Soldados erguem pedras de uma gigantesca construção
Com enorme precisão
Um culto ao faraó, estaria isso certo?
Creio que não

Mas para os egípcios de tão antiga civilização
A imortalidade era uma exceção
Mas só conseguiam crer no que podiam ver
Deuses de ouro e prata passaram a fazer

Com a vida se preocupavam
Queriam viver mais do que se podia prever
Para o futuro narravam
Com hieróglifos o que se queria dizer

As múmias foram apenas uma tentativa de se alcançar a
eternidade
Pra dizer se conseguiram nenhuma tem vivido
Mas se pensarmos na escrita, na verdade
Esse objetivo foi atingido

Informações muito importantes
Não teríamos conhecido
Se hieróglifos não fossem escritos
Nas paredes do mundo antigo.

Jan. - set/02

A beleza da arte grega

A natureza é perfeita
Disso só se há certeza
Um povo usando de destreza
Se empenhou em imitar essa beleza

Através da observação
Da máxima atenção
Foi se aprendendo arte

Ainda era o inicio
Do período pré-helenístico

Mas não bastava criar
Tinha que se aperfeiçoar
A arte grega começava a se definir
Era hora de progredir
Sair do arcaico
Para criar o clássico

E fazer as esculturas
Que impressionariam as gerações futuras

Os gregos também faziam pintavam
Mas por causa da ação dos homens e do tempo
Poucas de suas obras restaram

Mas nem tudo era tão bonito
Quanto as esculturas que se fazia
A burguesia e o povo em conflito
Crise na economia
Enquanto muita gente fugia
Da confusão, do tumulto
Nem se quer percebia
Que assim ajudaria
A espalhar a arte grega pelo mundo

Foi a época áurea do mundo artístico
De outra na história, não há indício
Foi a época do período helenístico

Talvez porque tinham
Uma seria preocupação com a perfeição
Ao contrário de povos antigos, como os egípcios
Os gregos não fizeram esculturas só para a religião
Criavam também usando a emoção e a visão
Visão de um novo horizonte
De Míron lançando seu discóbolo ao longe
e de Afrodite de Melos olhando distante...
Esculturas que até hoje

Mostram uma perfeição fascinante.

Out/2002

Carência poética

Francamente acredito
que os agentes da CIA
não são tão peritos
em sigilo e criptografia

Eles deviam escrever poesias
e por as manobras mais secretas
em versos com rimas
e métrica

'Top Secret'-alto sigilo
Pra quê tudo isso?
Bastasse o texto ser escrito
em versos alexandrinos

Sei... Você não acredita
Ninguém lê poesias

Parte II
Escrevi um blog
escrevi um livro
Não sou escritor de renome
Mas há um certo inconformismo

O que escrevo não é lido
Nunca reparei nisso
Mas tenho uma teoria
ninguém lê poesias

E deveriam porquê?
Sinceramente não sei
Se há o rádio, cinema e TV

e tantas distrações que nem citei
Mas quando descobrir um motivo
hei de escrever um poema sobre isso

15/11/2011

Em um disco Compacto

Em um disco compacto
seus dados são armazenados
Dados, informações importantes
ou simplesmente arquivos irrelevantes

Não podiam ser precisamente gravados
antes do CD ser inventado
Parabéns a quem o CD inventou
pois com certeza, de muito esforço precisou

E muito conhecimento buscou
para conhecer a fibra ótica
e se inspirar para criar
com precisão microscópica
um novo meio para gravar.

Por volta de 2005

Ópera

Outro dia ouvi
uma bela obra:
uma ópera

e percebi
quanto sentimento havia ali
naquela música que chora

ouço-a agora
como quem se compadece
ou gosta
ou se enternece
com a história
de sentimento alheio
mas antes ouço atento
como quem analisa
a psicologia
contida na elegia

A paixão é um ato
fadado ao fracasso
não falo isso por pessimismo
mas é um fato

o amor paternal ou maternal
é motivado
por uma realização pessoal
o amor fraternal
é recompensado
por uma realização social
o amor verdadeiro
supremo…
uma realização espiritual

Mas e a paixão
das óperas e novelas?
será ela…?
é mera reação hormonal

essa é uma cena

no canto do teatro
para distrair apenas
enquanto é trocado
o cenário para o próximo ato

a paixão
um dos temas principais
da poesia, da ficção
das óperas, dos musicais
e das demais peças teatrais

a paixão
é nada mais senão
um capricho
que nossos hormônios tem tido
com o coração

a paixão é como um teatro
onde é apresentado
uma graça, um improviso
pra manter todos distraídos
enquanto o restante do elenco
arruma tempo
pra trocar o figurino

a paixão é como a ópera
dramática, profunda
passional
e surreal

Fico fascinado
pela mistura de canto e teatro
tanto que estou convidando
a soprano

vem donzela de bela voz
quero te ver cantar
quero ficar a sós
e ouvir tua voz ressoar

faremos um dueto, da nossa parte
teus sons agudos e meus graves.
Se meu talento não é completo
o sentimento (ao menos) é sincero

pulmões cheios de ar
vamos cantar
o grande final
a ária principal

você soprano, eu barítono
nos entreolhando
cantamos em uníssono
plateia aplaudindo e gritando:
"-Bravíssimo!"

27 junho 14 23:00

Às vezes

Às vezes fico ansioso
por não saber
o que vai acontecer

Às vezes fico curioso
por entender
O que ainda não pude aprender

Às vezes quero falar e explicar
Desenhar e pintar
Livros e telas
De ideias tão fugazes quanto etéreas

Às vezes me perco
nos próprios pensamentos que tenho
E perdem-se ideias de meses
Mas só às vezes…

22 agosto 2012

Concerto

Comentário: Uma vez tive a oportunidade de assistir um concerto de música clássica. Algum tempo antes já havia assistido ao filme fantasma da ópera e algum tempo depois, o musical 'cats' e achei ambos incríveis: juntar cinema e música ou teatro e música (no caso de Cats) em um mesmo espetáculo....

Parte I (apresentação do pianista)

O silêncio é prelúdio
de uma melodia
e é seu intuito
que nas mãos do pianista
ele mesmo (o silêncio) se finda

e assim começa
O ato, a peça
Dois atores
Muitos espectadores

Uma sucessão
de sons agudos e graves
impelidos pela emoção
de mãos lentas ou ágeis
a voar pelos ares

Parte II (início melodia)

Mal tocam os acordes
e ouvidos aprestam atenção
será algo que se recorde?
o sereno ancião

haverá no som alguma exaltação
ou será uma calma canção?
já que o pianista
imitar a Hendrix não poderia…
divaga o jovem na primeira fila

canções de amores?
hinos de vitória?
óperas de temores?
cantigas de histórias?
sons de diversas formas e cores
                    Parte III (conclusão)

E ao pianista é permitido
escolher um só estilo
(ao menos, um de cada vez)

mas nada que o impeça
de tocar calmo, ou com pressa
(um tempo, dois ou três)

E entre concerto e sinfonia
Fuga ou fantasia
Ele escolhe uma concisa
e simples melodia

Mas como o mar
que é balançado pelo vento
Entre os dedos de quem tocar
Irá escapar algum sentimento.

Outubro de 2011

Desenho

                    Parte I

Certa vez eu quis
ver o mundo representado
em aquarela, grafite e giz

Me livrar do tão limitado
mundo literário
com seus 26 símbolos gráficos

vírgulas e travessões
exclamações e interrogações
acentos, pontos finais
e nada mais

Vi no desenho um caminho
quase infinito
de variações de tons e traços
mesmo nos monocromáticos

Parte II

Quase sempre,
Mais possibilidades
vem com mais responsabilidades

Ainda que não pareça
Fazer linhas, curvas e retas
é resolver um quebra-cabeça
de milhares de peças

Mas não (muito) importam as opções
no desenho, todas as combinações
estão certas

Um desenho, é como um livro
onde tudo faz sentido
ainda que seja escrita
a mais abstrata das poesias

08/05/2014

Preciso

Um dia me perguntei:
Por quê ser poeta?
A resposta não encontrei
Meu caderno agora se fecha

Por quê escrever
Se nunca vou ser
Como Aristóteles, Platão
Nem terei em minhas mãos
A mesma inspiração
De Machado, Graciliano Ramos
Ou Augusto dos Anjos?

Não mais escrevi
E de repente vi:
Tornei-me amargurado
Sereno, embora agitado
Pensativo, embora disperso
Morto, embora vivo
Não dependem de mim os versos
Mas sim eu que preciso
De cada letra e ponto escrito

A poesia terá outros escritores
Eu é que não terei outro passatempo
De todos os meus amores
Este é o mais intenso

É o que mais preciso
indelével
É o que terei comigo

Toda manhã a arte acorda
Ela tem certeza que estará lá
Toda manhã a arte acorda
O mesmo eu não posso afirmar
Na verdade
A arte é a única forma
de um imperfeito experimentar
a imortalidade

A poesia terá outros escritores
Eu sem ela terei tédio
De todos os meus amores
é o mais sério

é o que mais preciso
indelével
é o que terei comigo

Março de 2013

Simplista

Parte I

Pintores pintam
músicos compõem
atores imitam
dançarinos se opõem
escultores esculpem
filósofos e poetas,
que me desculpem
Mas estes apenas sonham....

Este poeta simplista
Não consegue achar uma rima
Para aqueles que sonham…

Sonham com a sociedade ideal
A rima perfeita
Sonham com o bem vencendo o mal

Parte II

Os sábios sonham
os tolos devaneiam
Os ricos planejam o futuro
os pobres lamentam o passado

Arquitetos fazem projetos.
crianças, curvas e traços retos
Os sãos avaliam possibilidades
os loucos admiram a insanidade

Mas… de uma forma simplista
não são todas estas formas de sonhar?

Ao menos não posso duvidar
que esta teoria ao meu ofício se aplica:
É o sonho, de forma simplista
A essência de toda poesia já escrita.

Terminado 07/01/14

Vida e arte

Dia a dia
preocupações
na mente minha
levam embora emoções

Vida
pode ser simples ou incerta
tão repleta
ou vazia

Depende
do que se prioriza
do que se entende

ser o objetivo da vida

As poucas horas
que a música ecoa
pelo meu quarto
pelos vales e planaltos
do meu imaginário

São mais vívidas
do que os dias
de trabalho
de estudo
de correr apressado
para alcançar o mundo

A vida
mais rápida a cada dia
mais rápida a cada fase
aos poucos traz cansaço
e faz a arte,
o descanso necessário

Ah vida
alguns anos
e nada mais fica
é por isso que cantamos
que tocamos, escrevemos
e algo fazemos

É porque faz parte
a arte
para fazer a vida
de um desconhecido
estar num futuro longínquo

Pela vida
buscamos ter sobrevida
pela arte,
eternidade

e o simples e o nobre recorrem
ao truque da humanidade:
os artistas morrem
mas não sua arte

Sempre que alguém vê um quadro,
ouve música, lê um livro
é como se tivesse reavivado
o artista outrora esquecido.

Terminada em jun/2014
Obs:Este poema usa a seguinte versificação 3 quartetos, 1 quinteto, 3 sextetos,
1 quinteto e 3 quartetos.

Duas Teorias

Hoje, li meus poemas de amor
e ouvi músicas antigas
e como em um filme sem cor
me perdi em nostalgia

E cheguei a uma teoria certa:
as músicas ouvidas na infância deixarão
a impressão de serem mais belas
do que elas realmente são

E minhas poesias
entregues com receio às meninas
não me arrependo de nenhuma delas
eram palavras sinceras

Mas creio não ser possível
depois dos hormônios baixarem o nível
voltar escrever exageradamente
como quando era adolescente;

Quando cremos
que sorte teremos
da nossa paixão primeira
durar a vida inteira!

Ou ainda
que a felicidade no amor nunca finda
e como numa história quase perfeita
seremos o Romeu de alguma Julieta

O famoso casal inglês
tão dramático e precipitado no que fez
teria tido uma história diferente
se não fosse ... casal adolescente

E numa segunda teoria,
creio que muitos fazem confusão
entre amor e empatia
paixão e atração

Esse sentimento às vezes sem lógica
que músicas, poemas e quadros inspira
é uma reação biológica
e não metafísica

Mas que não desanime ninguém
de amar alguém
pois um poeta muito culto
uma vez falou uma bela frase:
"sonho que se sonha junto
é realidade!"[2]

E, por este dia
creio serem suficientes duas teorias…

Outubro de 2013

---

2 Referência a canção "Prelúdio" de Raul Seixas

Amor

Parte I

Amor… qual será a definição?
Já perdi noites de sono e inspiração
Tentando explicar o que havia em meu peito

Amor…é aquele sentimento
De ter e sentir-se especial para alguém
Que (acha) que não pode viver sem

Que traz sofrimento
Quando você mais sorria
Que te deixa dúvidas, questionamentos
Quando a certeza era tudo o se tinha

O amor é uma conspiração
da mídia e dos poetas
Pois só falam bem da paixão
E não fazem o devido alerta

Parte II

Uma música antiga[3]
Já dizia:
O amor é filho da boemia
é um pássaro cheio de rebeldia

O amor não conhece regras
Esforça-se para que você o encontre
Mas quando você se apega
Ele voa para longe!

Eu digo: O amor é um perigo
Mas você só acreditará nisso
Depois de experimentar a própria dor

---

3 *L'amour Est Un Oiseau Rebelle*, de Maria Callas, ópera Carmen.

Desejaria que todos fossem felizes no amor
Pois não há vinho
Para tantos corações partidos
                                        Parte III
Amor…Aquela ilusão
criada por livros e cinema
Alimentada pela imaginação?

Agora não há mais problema:
Já deixei a emoção
Sobrepor-se à razão

Já o levei a sério
o Considerei etéreo
Já me dediquei a paixão
Como o monge à oração

Mas hoje, não vejo mistério
Amor é como miragem no deserto
O que um dia é mútuo e sincero
No outro, é um sonho do qual desperto

Dezembro de 2012

Castelo de areia

Ao menos uma vez na vida
Toda criança pequena
Já construiu um dia
Um castelo de areia

Mas me sinto
Perdido no tempo
Por ficar insistindo
Em ainda chegar nesse intento

Um castelo
Nem assim tão belo
Mas que ao menos sirva

Para guardar meu sentimento
Para quando chegar minha escolhida

Mas as ondas derrubaram metade
E os ventos, a outra parte
E meu castelo, antes quase pronto
Tenho de construir tudo de novo
Pouco a pouco…

E me sinto
Totalmente previsível
Por ficar insistindo
Num sonho quase impossível

Quem sabe um dia
O mar e os ventos não fiquem compadecidos
De tanto me ver insistir
E em vez de destruir
Os castelos que construo,
Me tragam quem eu procuro.

30-31/out/2004

Coração de Pedra

Muitos anos se passaram
Achei que ao coração e a razão
não mais incomodavam
a solidão

Mas bastou ouvir
uma música que há tempos não ouvia
pra ressurgir
o que há tempos não sentia

Não…não!

Não quero admitir…
Senti emoção
só por uma música ouvir!

E eu que ria dos apaixonados
agora sofro do mesmo 'mal'
Aquele pro qual não foi encontrado
remédio, tratamento ou hospital

Sempre me orgulhei
(e pensei)
ter um coração de pedra

Não tinha medo
achei que a minha razão
era feita de gelo

Mas agora tenho receio
(Não medo!)
que a pedra do meu coração vire pó
que derreta minha razão feita de gelo
E eu não consiga mais viver só.

Junho de 2012

Encontro

Esta noite,
estive a sua espera
por mais que a gente se encontre
sempre a acho mais bela

Mas hoje, minha pequena iluminada
não apareceu aqui, como costumava

E saí
a sua procura
e tudo o que vi
foram nuvens escuras

Ó Lua, vá mas não se afaste
há um coração partindo
lhe pedindo
que no próximo encontro não falte .

8-9/mai/2007

Eu e as estrelas

Novamente as vi
Percebi, confessando a mim mesmo
Que havia um segredo

Mais uma noite e quem diria
Eu as olho mais uma vez
E sinto aquela mesma magia
Da primeira vez

Da primeira vez que olhei as estrelas
Senti um fascínio, alegria intensa
Mas achei que com o passar dos dias
Aquela emoção diminuiria

Mas depois de anos
Um feliz engano acontece
O poeta envelhece
Mas ainda assim se enche de encanto
Sempre que vê estrelas brilhando!

Quero um dia
Encontrar o amor de uma menina
Que com apenas um sorriso
Me encante de forma tão intensa
Como o céu com seu brilho

Mas que também seja

Tão duradouro
Quanto meu namoro
Com as estrelas…

01:00-02:00 da madrugada de 21/nov/2004

Impasse

Às vezes o coração
fica inseguro
cheio de temores

De cair em outra ilusão
de perder o rumo
de sofrer com outros amores

Mas ao mesmo tempo
não quer acreditar
não quer aceitar

Carregar no peito
um sentimento que insiste em fazer
o coração mais rápido bater!

A cada decepção
se torna mais severa a mente
mas não o coração

A cada noite maldormida
o sono desaparece completamente
mas não os sonhos que havia

E pior que sonhar dormindo
é sonhar acordado

E pior que andar sozinho
é não querer amar

E pior que não querer amar
é amar sem ser amado

7-8 dez 2006 às 01:21

O jardineiro

Jardineiro,
Que sozinho fazes
Em tão vazio canteiro?

Que o desperdício se acabe
Plante seja lá o que for
de grama até a mais ordinária flor

É que preparo pacientemente
este solo para mais nobres sementes
trazidas pela minha ajudante
em quem estou confiante

E que direi? E o que farei?
se ela se negar a jogar e a regar,
sementes nobres de solo produtivo;
entre abrolhos e espinhos?

Maio de 2014

Meu momento

Há uma garota
Que há tempos não vejo
Mas nem assim a esqueço
De nenhum jeito

Então resolvi
Quando olhar para mim
Com aqueles olhos belos
Não vou resistir

My time

There's a girl
A long time ago I don't see her
But in my memory she stay
Anyway

Then I decided
When you look to me
With those beautiful eyes
I don't wanna resist

Um beijo vou pedir	And I will beg a kiss

Esse será	It will be
Meu momento	My time
Que eu espero de todo meu coração	That I hope with my whole heart

Este será	It will be
Meu momento	My time
De te dizer então	To say to you it all
Que meu coração	That my heart call
Te chama	For you
Em cada noite de solidão.	Every lonely night.

23-24/out/2004

Patologia do amor

Sei que muitos podem discordar
Mas por experiência posso dizer
Não amar
é pedir pra não sofrer

Amor é ilusão
É miragem, é confusão
entre a razão e a mente
e o que acredita que sente

Amor é como resfriado:
Uma semana sem ser tratado
Desaparece

E um coração partido
É efeito colateral sentido
Que logo se esquece

10 de junho de 2013

Premissas

O amor é ilusão
Ilusões viciam
Vício é um tipo de compulsão
Sãos são os que delas se livram

O amor correto
É aquele que as dores alivia
E não que as amplia

O amor sincero
É aquele que acalma
E não que o coração dispara

Matar ou sofrer por amor é irracional
Não existe crime passional
Se tiver dor em seu peito, seja rápido!
pode ser enfarto…

Parte II

Uma mãe e um recém-nascido
Ou o amor de Deus para com seus filhos
Esse amor sim é lindo
Esse amor sim eu acredito

O amor de namorados
é fácil ser explicado:
afinidade, desejo, atração

Se durar depois de casados
É por respeito, sonho, compreensão
Casais são cúmplices da mesma ilusão

Por ver o amor de forma tão clara
Posso não ser o 'Romeu' de nenhuma menina
Mas este é o preço que se paga

Por não sofrer e ter noites bem-dormidas.

03-04/jan/2013

Procura

Noite escura,
 ninguém na rua
  olhando pela janela
   devaneia uma alma à tua espera....

No brilho da lua
 Que impera no cosmos
  há uma procura
   por um brilho igual ao de teus olhos

No pólen da flor
 No amarelo do sol tento
  procurar uma cor
   tão bela quanto a de seu cabelo

 No ar que passa pelas folhas das árvores
 sussurrando uma suave melodia
  há uma intensa procura
   pela voz que me inspirou a escrever esta poesia

1-2/jul/2006

Soneto

Quando em sono me deito
entro aos poucos
Dentro de um sonho
de profundo sentimento

Sonho em ser
A mão que te afaga
e em meu peito perceber
tua respiração calma

E é tão real essa fantasia
Que se acordasse
e não te encontrasse,

Eu juraria
que o mundo todo é mentira
e realidade é o que no sonho havia....

Outubro de 2011

Sorriso

Eu vi…
um sorriso.
E o quê haveria
de mais nisso?
Vejo todos os dias
vários sorrisos

Mas há dias
que de um sorriso me recordo:
o de uma menina
que sorria com os lábios e olhos

Em tão perfeita sincronia
com sua simpatia
que até hoje me vejo distraído
lembrando-me do teu sorriso…

9 de julho de 2014

Telepatia

Eu não sou desses
Que crê em coisas transcendentes
Ou paranormalidades

Mas gostaria que de alguma parte
você pudesse ouvir o que ouço:
Belas músicas suaves
Que me enternecem pouco a pouco...

Gostaria de pensar na possibilidade
De você ver o que vejo em meu pensamento
Paisagens belas, cheias de intensidade
Seu cabelo solto ao vento...

Amadureci....talvez até demais
Mas não te esqueci, minha 'amiga'
E a lembrança de ti, é o que me faz
Crer que(m sabe) neste dia
Nesse instante em que medito
Você sentirá o que sinto
Até mesmo por telepatia.

12/02/2013

No interior do computador

Em um simples olhar
A curiosidade me atormenta
O que será que pode
por trás daquela máquina se ocultar?
Embora muita da informática não entenda
Começo a imaginar
Como seria e o que eu veria
Se no mundo da nanotecnologia
Pudesse me adentrar

É algo a me fascinar
O poder, que em uma placa de silício
pode se esconder
Pode 580 milhões de cálculos/seg. realizar
Cálculos que textos vão processar
Imagens vão criar
Planilhas vão montar

Programas vão copiar
Infinitas possibilidades
Em uma máquina que só 0 e 1 consegue distinguir
Infinitas possibilidades
Para em menos de 1m³ se restringir

Essa evolução em alta velocidade
Me faz refletir
Sobre aonde a informática tende a ir
Cada vez um número maior de funções
em um único equipamento atribuir
O caminho mais rápido
Entre a ideia e a criação se constituir
Com cada vez mais ciências poder interagir
Este parece ser o caminho
que o interior do computador tende a seguir

(meados de 1999)

Crossroads

O que seria de nós
se não houvessem caminhos a seguir
seríamos como o barco preso à foz
sem poder sair

Quão triste iria ser
se não houvessem caminhos a escolher
confinados a caminhar
sempre pro mesmo lugar

Mas por outro lado, é difícil decidir
para onde se quer ir
quando há tantos caminhos diferentes para trilhar
e não se sabe onde cada um vai chegar

As boas estradas
são grandes e asfaltadas
mas se por elas andar
mais tarde sairá caro o preço a pagar
quando seus pedágios encontrar

mas eis que dentre tantas opções
há uma estrada que não desperta atenção
quais seriam as razões
que faria alguém seguir por aquela estrada de chão?

a um homem que por ali seguia
fiz esta mesma indagação
sem hesitar, ele me respondia
que os outros caminhos eram enganação
que quanto mais se andava
mais o caminho se inclinava
até chegar a depressão
mas aquele caminho, se distinguia
porque ao alto das montanhas conduzia

14/fev/2010

De volta à vida real

No meio do deserto
eu vivia em um castelo suntuoso
cheio de mulheres por perto
que dançavam pra mim o tempo todo

Havia vinho à vontade
Me ofereciam maçãs e amoras
Mas quando ia rir de felicidade
O despertador me acorda

Na noite seguinte
Não vejo a hora de ir dormir
Caio em sono rapidamente
Esperando o sonho se repetir

Mas dessa vez minha mente
Me leva a um lugar diferente
20 graus abaixo de zero
Sem mesmo ser inverno

Me vendo tremer de frio
Riram de mim o pinguim e o leão marinho
Finalmente acordei então
E vi meu cobertor caído no chão

Por bem ou por mal
De volta à vida real

Que peças
Que nos prega
Sem consentimento
O nosso pensamento!

(Anterior a 2012)

Estrelas no céu

Estrelas, algumas tão divididas
Outras tão unidas
Formando constelações
Estrelas, algumas tão bonitas
Outras, o olho nem avista

São inspirações…
Para a tecnologia progredir a cada dia
Na criação de telescópios potentes
E trazer informações
Sobre esses astros imponentes

As estrelas…
Aquecem o coração do poeta à inspiração

Iluminam os pensamentos nas noites de escuridão
Fazem minha cabeça orbitar
No mundo da imaginação
Muito mais que o melhor filme de ficção

Estrelas
Eu saio à noite para vê-las
Se encherem de beleza
E confirmar o que eu já tinha certeza
A origem suprema do universo

Poucas coisas existem em tão grande quantidade
Poucas coisas existem desde o começo da humanidade
Poucas coisas têm essa imensidade
Nenhuma outra brilha com essa intensidade

Poucas coisas que não se tocam são de verdade
A estrela é a mais doce realidade
É como a boca adoçada com mel
Assim tudo está
Quando há
Estrelas no céu

Assim o mundo faz
O seu caminho não seguir ao léu
Quando há
Estrelas no céu.

(Inicio: set/01 Fim: 11/out/01)

Falso saudosismo

Parte I

Penso se um dia
fosse feita uma máquina do tempo
e voltar quem sabe ao dia
do meu nascimento

Ao tempo que era (quase) perfeito
sem erros, puro

pra fazer do melhor jeito
um novo futuro

Mas que tal equipamento
sim, essa máquina do tempo
não me deixasse perder
o conhecimento que hoje tenho

Pois do que iria valer
nada saber…

Parte II

Voltar ao passado
pra fazer os mesmos erros
os mesmos acertos
é como ter alugado
um filme já assistido
e vê-lo desde o início

Mas por outro lado
se não tivéssemos acertado
se não tivéssemos errado

Seríamos os mesmos?
com os mesmos sentimentos,
com os mesmos conhecimentos?

Talvez fôssemos tão distintos
que a máquina do tempo não teria existido…

Parte III

Ora deixes meu amigo
de falso saudosismo
às vezes tem-nos dito:
"No meu tempo era tudo mais bonito"

Acaso és falecido?

ou esquecido
dos problemas do passado?
lembra-te dos risos
mas não do quanto tinha chorado?

Deixemos de falso saudosismo
é preciso
aprender com os erros cometidos

mas por olhar demais o passado
deixamos o futuro de lado.

12/05/2014

Filho das estrelas

Parte I

Noite clara
céu de estrelas repleto
na solidão é o que ampara
e me faz ser completo

Sinto
ter algum dia
pertencido
a esta classe infinita

Miríades de pontos
que vem sempre ao nosso encontro
mas nem sempre os vemos

Mas ao menos hoje, nesse momento
alguém esqueceu de seus compromissos
a fim de eleger qual estrela de maior brilho

Parte II

Nada é criado, nada é perdido
No universo, é tudo renovado
E aperfeiçoado
Nesse ciclo infinito

Concordo com o cientista que disse isso
tanto que creio plenamente ter sido
filho de alguma constelação

E que por sorte ou azar
recompensa ou punição
Aqui eu tenha vindo parar

E daqui da Terra,
Entediado toda a vida com o mundo
este ser só muda de ideia
Quando vê o céu por um minuto.

Por volta de setembro/2007

Futurista x saudosista

Hoje, eu ouvi
as músicas que estavam guardadas
e me surpreendi
pois o que antes me emocionava
São agora
meras ondas sonoras

As paixões da adolescência
que jurei a mim mesmo serem eternas
recordo com menos frequência
à cada primavera

E penso ser o certo
novas emoções, novas trilhas
com um coração aberto
mas a mente de um futurista

Porém, reservo-me ao direito

de ouvir aqueles mesmos
discos de antes…
e me perguntar por um instante
se além da trilha sonora de minha vida,
algo mais poderia
ser diferente
na vida deste saudosista.

2011

Marte

Sobre tua superfície tão inóspita
De partículas de poeira em suspensão
Parece até ilusão de ótica
Qualquer imagem vista de ti vira ilusão

80 milhões de quilômetros nos separam
Mais absurdos são os mitos que criaram
A partir das lentes de um telescópio quebrado
Disseram ser canais de irrigação
De um povo civilizado
Só mais tarde descobriram estar enganados

Quantos já não se atemorizaram
No tempo que a ciência começava a explorar
Sofrendo ao imaginar
Que naves no solo terráqueo pousaram

Que homens verdes o mundo iam dominar
Uma das ilusões que começaram a inventar
Ilusão que pode se confirmar
Se no mundo do cinema formos falar

Apesar de tanto sensacionalismo de Hollywood em sugerir
Que seres de Marte queriam nosso planeta invadir
A ciência interveio a desmentir
Que seres extraterrestres no planeta vermelho

Poderiam existir

Mas com essa mesma ciência uma ironia veio a surgir
Depois de muito empenho e de muito dinheiro
Somos nós…nós mesmos
Que estamos a Marte invadir

Sondas espaciais continuam a se aperfeiçoar cada vez mais
E são cada vez mais e mais
Seus lançamentos já são vistos com olhos normais
Hoje, são relatos diários de jornais

São fatos que nos fazem pensar
Sobre até onde a Astronáutica tende a ir
A possibilidade do homem em Marte pisar
Já não é algo tão absurdo de se discutir

Há algum tempo, rumores começaram a surgir
Que até por parte de astronautas provêm
Que discos voadores antes de na terra vir
Passavam por Marte também

Entre 23 e -105 graus sua temperatura varia
Mas as vezes se parece com a terra

Tem quase a mesma duração do dia
E não há nenhum anel em seu exterior
Mas o nome de suas luas, a alguns assustaria

Fobos e Deimos, medo e terror
Aquele clima de deserto que Marte cria
Se você olhasse no telescópio veria
Que vermelho é a sua cor

Marte deve ser algo que a Astronáutica inspira
Pois ela busca a cada dia se aperfeiçoar

Para realizar o velho sonho que não expira
O sonho de em Marte chegar.

Agosto de 2001

M e d i t a ç ã o

Eu sei
Que por uns tempos fiquei
Sumido
Não fisicamente
Mas meditando intensamente
Em tudo o que tinha vivido

Pois ao um risco de morte óbvio
Muitos dizem:"Vi minha vida,
passar diante de meus olhos"

E é essa nostalgia tardia
Que tento evitar
Ao meditar.
Pois do contrário, continuará o mesmo
filme preto e branco dos meus erros e acertos.

2013

Melodia da Natureza

Parte I – Águas da chuva

Como as gotas de chuva

 Caem sobre as folhas e terras

  E como as águas puras

   Da cachoeira sobre as pedras

Assim um dia hei de cair

Perto de ti

E cantar com clareza

A melodia da natureza

Não sei se agora dorme
Ou se também vê a chuva cair
Mas ainda em sonho sei que podes
De qualquer lugar que esteja
O som das águas ouvir
Cantando a melodia da natureza.

Parte II – Som do vento

No tempo que me sobra(ainda que pouco)
O som do vento eu ouço
Com ouvidos tão atentos
Como se escutasse o mais sublime dos concertos

E meu coração, em cada batida
Espera ecoar junto à melodia
Para mais uma nota se juntar
E (quem sabe um dia) você escutar

Escutar tudo aquilo que quis
Te falar com palavras
Mas que por receio desisti
Ao perder a fala

Ao contemplar tanta beleza

Só consigo ouvir a melodia da natureza…
Parte III – Árvores e Flores

Embora nenhuma das folhas das árvores fale

Elas entoam sons agudos e graves

Nessa melodia, que sem perceber

Fazemos parte

As cores do jardim

Não são meros reflexos cromáticos

Têm inscritos do início ao fim

códigos extremamente exatos

Onde revelam além de beleza

e matemática, partituras que tentamos lê-las

Sem poder saber sua origem

sem querer saber seu fim

Acompanhando o que outros seres dizem

As flores fazem parte da melodia sim!
Parte IV – O Sol

Acordando preguiçosos ao amanhecer

Presenteando com o pôr do sol

Os que o acordam para ver

Assim o astro-rei impera

como o mais destro dos maestros

No que os antigos chamavam dança das esferas

Luas e planetas

Em diferentes distâncias, velocidades, ângulos

Notas de amplitudes complexas

Que entoam uma melodia secreta

Um canto só ouvido por Deus e anjos

e pelo Sol, maestro desta orquestra

Parte V – A Consciência

A mim, por ter nascido

Como ser humano

não me foi permitido

escutar todo o canto

Que a natureza entoou

Desde que se criou

Teria que ser a ave

que voa junto com o vento

ou a água-viva que pelos mares

passeia a todo momento

Mas pela consciência interior

consigo perceber que, por certo

existe uma melodia superior

na natureza do universo.

(Anterior a 2012)

Música!

Parte I

Música, eleva minha alma
Deixa minha mente entre ondas sonoras
fortes e calmas
concentrar-se por mais de uma hora

Que os ritmos das melodias
Ora suaves
Ora expressivas

Ativem as sinapses
de uma nova consciência
me levando a novos lugares

Que um dia a música não seja
Meras ondas que passam por nossas orelhas
Mas uma experiência emocional intensa

Parte II

-Que queres?
-Sentir a música?
-Espera que ela eleve
-sua consciência além da cultura?

-Será que alguém pode ou deve
-esperar tanto assim da música?
Ora, com um só grafite e papel não se escreve,
Em línguas múltiplas
E desenha-se variadas figuras?

Um texto não faz alguém pensar
sobre o que acabou de ler?
E não pode um desenho fazer
Alguém se alegrar ou chorar?
ao suas lembranças levá-lo a despertar!

Parte III

Do mesmo modo acredito
que apenas ondas sonoras
podem despertar o inativo
poder de fazer conexões novas
Em nosso computador bioquímico
Nosso guia intrépido
que chamamos de cérebro

Creio que para despertar isso,
esse potencial escondido,
que temos em nossa mente
basta ver o que nunca foi visto
ouvir o que nuca foi ouvido
E não o mesmo "batidão" repetido
como faz insolentemente meu vizinho.....

2012

Dúvidas

Desenhar, apagar?
Falar ou se calar?
Te escrever ou esquecer?
ser ou não ser
ir, voltar?
Muitas ou única
é destino das dúvidas
nos acompanhar

Se não é possível vencê-las
que seja pacífica a convivência
Nem todos podem respondê-las
Nem sempre permitem nossa sapiência

Enfrentar as dúvidas terrenas

Eu bem que queria
ao menos um dia
ter respostas pra todos os problemas
pra todas equações
de todos os cientistas
de todas as gerações
de Física e Química

Mas ainda assim
não saberia
se você diria
não ou sim
à minha pergunta...

(Anterior a 2013)

Águia

Quando vejo a luz do sol
Batendo sobre as rochas
E quando vejo a luz da lua
Sobre árvores frondosas

Me sinto deslocado, fora de lugar
Ao ver tudo isso superficialmente
Se fosse uma águia, poderia voar
Por todos os lugares que sonha minha mente

Mas só posso ver
Até onde esses pés me permitem chegar
Mesmo querendo ser
Igual esse explorador do ar

Que um dia, eu voe alto, sem que eu caia
Como uma águia.

Madrugada de 12-13/02/06 01:06AM

Eu e eu mesmo

Em momentos de problema
Não converso com nenhum sujeito
não quero que ninguém se encha
com o que só me diz respeito

Em momentos de felicidade
não digo nada
pois mais rápido ela acaba
se eu falar dela a alguém

E assim se suportam esses caras
o eu quase não fala
eu mesmo não se cala

eu finge ter achado o conhecimento todo
mas eu mesmo sabe que é mentira
e ambos o procuram feito loucos

Abril de 2006

Acredite se quiser

Sobre as falsas profecias do fim, em 2012.
  "Portanto, mantende-vos atentos; porque não sabeis nem o dia nem a
hora"
Mateus 25:13

Finjamos não ser míseros
Finjamos com um ar íntegro
sereno e decididos
sabermos nosso destino
Surgi de uma explosão?
O universo é um caos?
Está em expansão?
Sou evolução ou criação?

São tantas incertezas
e tão difícil é compreendê-las
porque a mais lógica explicação
é que são ....incertezas

Vida, morte…
sucesso, fracasso
azar, sorte
o cálculo, o acaso

É tão difícil
aceitar a incerteza
que alguns em seu convívio
criam suas certezas

fazem regras rígidas
que lhe dão alguma certeza
à sua vida
(por menor que seja)

Há aqueles que dizem até
predizer o fim do mundo
(tente quem achar que puder)
Eu não o iludo

1999, 2000
Não, espere é 2012
falta um dia ....ou mil
para que relógios de todas as torres
de todas as igrejas
sobre todos os pulsos ou mesas
Não passem de hoje

E dizem tão irredutíveis,
em alta voz
que por um momento
esquecemos:
'profetas' são tão perecíveis
quanto nós

Há aqueles que dizem até
predizer o fim do mundo
acredite se quiser
Eu não os iludo....

Os maias falaram:
'Em 2012, o calendário vai acabar'
Mas não esperavam
que os espanhóis iam chegar
e antecipar a destruição
de sua civilização.

Há aqueles que dizem até
predizer o fim do mundo
acredite se quiser
Eu não os iludo....

2012

Cactos do deserto

Eu que sempre vi tanta beleza
Nas florestas, jardins e lagos
Me pergunto por que a natureza
Se deu ao trabalho de fazer os cactos

Plantas de espinho
Tão rudes, tão feias
Por quê continuam insistindo
Se nunca serão plantas perfeitas?

Qual o objetivo
Dos cactos
Será que estão vivos
Ou foram petrificados?

Pela tempestade de areia constante
A todo instante
Pelo sol escaldante
Que os dissecam
E pontiagudos espinhos
É só o que restam

Ventos,
Areias,
Ar seco
Só resistem plantas feias
Calejadas desse mundo de desordem
Ventos mais fortes soprem

Prontas para que a qualquer momento
O calor deixe a areia fervendo

Estes são os cactos do deserto
Não sei se estou errado ou certo
Mas ao pensar em ter filhos
Me sinto como o jardineiro indo
Pôr sementes no deserto
E esperando nascer algo belo

Tempestades de vento
Dilúvios de areia
Só não aparece mesmo
A gota d'água na terra seca

O jardineiro (milagrosamente) sobrevive
Os anos passam, mas a cada dia
A única coisa que resiste
Para lhe fazer companhia
É aquele amargo, indigesto,
Áspero com folhas verde-cinza,
Cacto do deserto

A cada dia esse jardineiro
Insiste nessa tarefa sem sentido

E lança sementes no meio
Desse deserto improdutivo

E diz que eu que não gosto de semear
Por não plantar
Neste solo de cruel
Mas previsível destino

Eu amo flores e árvores
E por isso mesmo procurei
Os melhores lugares
Mas como não os encontrei

Decidi que por amar demais
Não seria certo
Deixar uma semente
Morrer perto
Ou não ser mais
Do que um cacto do deserto.

Mai-Set/2004

Ciência vã

Parte I

incongruência?
futilidade?
Pra quê serve a ciência
de verdade?

Pra descobrir o quanto somos tolos
poluindo com monóxido de carbono?
Pra descobrir o quanto somos ínfimos
num universo infinito?

Pra descobrir tantas energias

limpas, alternativas
e nossa frota toda é movida
a diesel e gasolina

O genoma sendo decifrado
tratamentos cada vez mais avançados
E 1/8 da população sofre
Da 1ª doença a ter cura: a fome
De que adianta descobertas
Se os homens não beneficiam-se delas?

Não, não sou contra a ciência
Pelo contrário,
quando aluno, era fascinado
por ver o prof. fazer experiências

Ver algum aspecto da natureza
fazer sentido, ter lógica
Conseguir respostas
a (quase) tudo que aconteça

meu corpo é são
mas será minha mente sã?
por ter como 2ª religião
uma ciência vã?

Parte II

Vejo sondas irem a Marte
e vejo-me dividido
entre o fascínio pela novidade
e as consequências disso

Será apenas uma pesquisa de solo?
ou planeja o homem visitá-lo logo?
gastar inimagináveis cifras
pra construir em Marte
o que na Terra existe em toda parte
e é impetuosamente destruída:
A vida

Nos mais secos desertos

ou nas mais frias geleiras,
existem seres vivos dispersos
na Terra inteira.

Se vivendo no mesmo planeta,
nossas diferenças são várias
de política, religião e de crença,
em Marte serão planetárias

E à inventividade humana
e à ganância, não há limites
o mesmo vale porém,
às consequências também

Marte seria para o turismo
e moradia de uma nova elite.
Ou ainda pior que isso:
Talvez a tv decidisse
fazer um *reality show* teatralizado
Levando só os pobres indesejados
para serem eliminados
em um planeta desolado.

Janeiro de 2014

Círculo vicioso

não sei o que me assusta mais
a violência que vejo nos jornais
ou a indiferença de quem devia
mudar nossas leis, e 'fazer' justiça

No senado,
sentados
Repete-se a história:
legislam em causa própria

Mesmo quando vimos
corruptos sendo condenados
Espere…há uma brecha em um artigo
na lei que eles mesmos haviam criado

E assim muitos políticos
são absolvidos
dinheiro nenhum é restituído
aos cofres públicos

Roubar de poucos é furto
roubar de todos é astuto
Ainda que seja imoral,
Não há nada ilegal
no congresso federal

Em Brasília, soluciona-se tudo
aumentando-se os impostos
e o cidadão 'esquece' logo
se for perto da copa do mundo
ou da decisão
de qualquer evento esportivo
Impostos: enquanto tiram-nos o pão
dão-nos o circo

Circo? Círculo…
círculo vicioso
trabalhamos cada vez mais
para pagar imposto
para recompor o rombo
dos cofres públicos
oriundo
das leis fracas
que deixam brechas
e nunca serão mudadas
por quem beneficia-se delas.

2013

Estranha Matemática

> "Temo o dia
> em que os salários sejam tão defasados
> que eu ganhe mais dinheiro com poesia
> do que como funcionário federal concursado...."

Parte I

Hoje no trabalho
Meu chefe fez reunião
Para falar o quanto somos cobrados
Por nossas metas em ascensão

"Pedimos apoio da equipe"
"Nossa meta é fácil de ser atingida"
"Aumentou quantos %?" "Só 20"
-Apenas maior que o crescimento da China....

Talvez compreenda um dia
Esta Matemática esquisita
Salários crescem linearmente
Metas? Exponencialmente!

Equação quadrática, errática
estranha matemática

Parte II

Adição de serviços
Multiplicação de cobranças
Divisão desigual de lucros conseguidos
e Subtrai-se quem reclama

E num mundo capitalista
há milhões de coisas a serem consumidas
Mas para adquiri-las
somente com dívidas

Não tem dinheiro?
Sem desespero
adquira um cartão de dívidas

Ficamos reféns, sem que nos resgatem
Nesta vida em forma de engrenagem
E esquecemos as metas de nossa vida

Março de 2012

Infância

Vejo crianças
brincando no parque
a cena é bonita, é verdade
mas temo por suas esperanças

Continuarão quando adultas
brincando como irmãs que são
sem preconceitos com cultura,
raça ou religião?

Todas terão um emprego à altura
sendo bem remuneradas?
serão pessoas esclarecidas, cultas
ou ainda serão aprovadas
mesmo sem saber nada?

Que nossos pequenos
sejam saudáveis por muito tempo
mas se adoecerem, haverá quem cuide?
um verdadeiro sistema de saúde?

Será que até eles chegarem
à fase adulta
alguém terá coragem
de mudar nossas leis injustas?

Será que as energias alternativas
serão postas em prática
para levar os céus cinzas
e mudar nossa paisagem apática?

Estas e tantas outras considerações
faço ao ver a criança, o bebezinho
pois não sabem quantos sorrisos ou provações
haverão em seu caminho

Devo ser o único desse jeito
ao mesmo tempo,
sinto alegria
e uma tristeza contida,
preocupação e esperança
ao ver como brilha
os olhos de uma criança.

04 de setembro de 2014

Manifesto

Nova era
era de informação
de bits e telas
é toda uma nova geração

geração que pode expressar
sem medo
o que pensa e sabe

Que pode divulgar
pro mundo inteiro
sua comunidade

Geração internet
que fronteiras desconhece
internet que é a mesma
em qualquer lugar do planeta

Oh, espera!
censuraram a internet na China
E políticos da América
vem com a mesma ideia cretina

Quem diria, que tu internet
e a liberdade de expressão tão aclamada
agora estariam prestes
a serem censuradas?

Com desculpa de combater a pirataria
querem deixar sites inteiros fechados
onde pessoas criticam a política, a economia
onde protestos ganham aliados

Ontem foi o *wikileaks*,
Hoje, *megaupload*
E amanhã até esta poesia
terá uma tarja escrita
onde diz:
Censurada pelo FBI

fevereiro de 2012

Obrigado, Portugal!

22 de abril
dia do descobrimento do Brasil
vamos e xinguemos dos nomes certos
quem descobriu
o que nunca devia ter sido descoberto

Tínhamos florestas
tínhamos água e ar
e não faltava o que comer

Malditas aquelas caravelas
foram o primeiro passo pra devastar
a diversidade que nunca mais vamos ter

Milhares de frutos, plantas e animais
que hoje estão
na lista de espécies em extinção

E hoje, nas capitais
e no nosso sertão
Cada vez morrem mais
pessoas de sede e desnutrição

Obrigado Portugal
por ter-nos feito
colônia de exploração

Obrigado por todo mal
que faça proveito
do ouro que roubou desta nação

Obrigado por sua determinação
que nos fez ter sido
o último país a ter abolido
a escravidão

Obrigado pelo colonialismo
Obrigado pelo imperialismo
Obrigado pelo capitalismo

O quanto teríamos perdido
Se nada disso
tivéssemos conhecido?

22 de Abril
Obrigado Portugal
Por ter feito do Brasil
um país de tanta desigualdade social

É tanta que chego a pensar:
é dia de se comemorar
ou de se chorar?

Agora sem ironia:
Obrigado Portugal
pois o que não nos enfraquece
nos fortalece

Talvez por isso nossa economia
é a 6ª maior economia mundial
Enquanto Portugal, nosso "país-irmão"
ocupa mera 43ª posição.

Abril de 2012

São Paulo

Em uma viagem de horas segui
e hoje eu conheci
São Paulo

Centro artístico e cultural
mundo asfaltado e concretado
da velocidade e do caos

Centro dos shows, eventos
mundo assaltado e favelado
tudo ao mesmo tempo…

É São Paulo em 360 graus
prédios acima, metrôs embaixo
Vou chegar atrasado
Mas não faz mal!

Que surpresa enorme
Se Paulo conhecesse a cidade do seu nome
E soubesse que nela caberia
várias vezes a Roma antiga

Um centro da vida moderna
Uma selva de pedra

Mas espere…
Que tinta é essa
Que o céu acinzenta e embranquece?
Será o que o azul-celeste está de férias?

E a noite, que surpresa
Há luzes em todas as direções
Das casas, shoppings e empresas
Exceto luzes das constelações

Se fosse criança
como saberia
Vendo tudo vazio desde a infância
que céu estrelado existia?

À mim mais pareceria
Conto de fadas
Se alguém dissesse que existia
noite enluarada

E quando crescesse
Talvez ficasse até assustado
se um cometa que aqui descesse
Diria -E um objeto voador não identificado!!

Sinceramente,
Se a situação exigir

irei prontamente
minha vida nesta aqui seguir

Mas evitarei o quanto puder
Vir para este mundo sem cor
Pra poder ver sempre que quiser
os céus do meu interior.

Dezembro de 2011

Wild Sunrise

The world
O mundo
Again it runs
Novamente segue
To one more war
Para mais uma guerra
Men take your guns
Homens peguem suas armas
And use it from the start
e as usem do início
Of shine of sun
Do brilho do sol
To the shine of others stars
até o brilhar das outras estrelas

It was said a man so far
Disse um homem bem distante

The reason is the pride
A razão é o orgulho
The reason is the greed
A razão é a ganância
A wild sunrise
Um alvorecer selvagem
Is the site
É o lugar
The dislike
A discórdia

Is the devil he believes
é o demônio que ele acredita

"We gonna fight
Vamos lutar
under a wild sunrise
sob um selvagem alvorecer
we need be strong
precisamos ser fortes
the war will be long"
a guerra será longa
it said a man so far
disse um homem bem distante

but he lives in a white house
mas ele vive em uma casa branca
and nor touch in a weapon
e sequer toca em uma arma
submit youngs and family fathers to under the ground
envia jovens e pais de família para debaixo da terra
even a viper with wisdom
como uma sábia víbora

crashing heads against the wall
batendo cabeças contra o muro
to get what he want
pra conseguir o que quer
the biggest terrorist that I saw
o maior terrorista que já vi

a man stay so far…so far
um homem fica bem…bem longe
while men die in the war
enquanto homens morrem na guerra
he lives in hush
ele vive na luxúria

in a white house
em uma casa branca
making rush.
Fazendo contendas.

At march,19,2003 daybreak

One day more, one day less

Did you wake up early today
Você acordou cedo hoje
For a work that you don't like?
Para trabalhar no que não gosta
If in your life
Se em sua vida
Nothing is so alright
nada é tão certo

If you had stress
Se você teve estresse
This was a one day less
Este foi um dia a menos

If you had time
Se você teve tempo
For take a look to the sky
para olhar o céu
At its beautiful stars
às suas belas estrelas
And if you had time
E se você teve tempo
To sit around the bonfire
pra sentar em volta da lareira
To tell and hear stories
pra contar e ouvir estórias
Of ghosts or love
de fantasmas ou de amor
This was a one day more
Este foi um dia a mais

One day more, one day less
Um dia a mais, um dia a menos
Unhappy or no, everyone of them pass
Triste ou não, todos eles passam

April, 18-19th 2003 – Daybreak

The One

Since I was born
Desde que nasci
In every rising sun
A cada nascer do sol
I´ve been looking for
Estive procurando
For the one
Pela escolhida

So many times passed me by
Tantos momentos se passaram
The story repeats itself as before
A história se repete como antes
A lonely man in the night
Um homem solitário na noite
Living (or surviving) in this world
Vivendo (ou sobrevivendo) neste mundo

But nor ever it's too sad
The good comes to bad
The bad comes to good

In a fairly day
Em um belo dia
I want believe in what I see
Quero acreditar no que vejo
In a wonderful day

Em um belo dia
A pretty girl seems to me
uma bela garota me aparece

I've found the sun
Encontrei o sol
In the eye of storm
No meio da tempestade
I've found the one
Encontrei a escolhida
That I'd always looking for
Que sempre procurei

I've found the one
Encontrei a escolhida
But the storm did the same
Mas a tempestade fez o mesmo
And she could not hear
E ela não pode ouvir
When I call her name
Quando chamo seu nome.

Entre 2004-2005

Moonlight

Day...
Dia...
and
e
night
noite
I remember of a girl so sweet
Me lembro de uma doce garota
ensemble of beauty,
um todo de beleza,
like the moonlight, she brings up
como o luar, ela desperta
inner feelings from my heart
sentimentos do meu coração

Don't you, moon, don't be with jealousy
Não lua, não sejas ciumenta
and please help me,
e por favor me ajude
now I need to find
preciso encontrar
interpretation to my feelings
interpretação para meus sentimentos
easy, it's easy for the poets anyway,
fácil, fácil para os poetas
laborious for me
difícil para mim
I… should I dare to say it?
Eu… devo ousar dizer?

"I love you"
"Eu te amo"
little and hard word was made
pequena e difícil palavra feita
only an answer
uma só resposta
vanishes all I said.
Apaga tudo o que eu disse
evermore, I stray myself at night
um pouco mais, me distraio a noite
under the moonlight
sob a luz do luar

Julho de 2014

Sleep angel

I guess
Eu acho
It's time to sleep
que é hora de adormecer

To forget the day that pass
para esquecer o dia que passou
Sleep angel on my memories
Durma anjo em minhas memórias
You need it and I need it
Você precisa disse e eu também

And heart
E coração
Stop to sing
Pare de cantar
This aloud song
esta canção tão alta
Let an angel sleep
deixe um anjo dormir
On my memories
em minhas memórias

And heart,
E coração,
Start to sing
comece a cantar
Only a just sweet melody
apenas uma doce melodia
For this angel of my dreams
para este anjo dos meus sonhos
It should sleep on the embrace
deveria dormir no abraço
Of my fancy-fantasy
da minha fantasia
That's should be the place
este deveria ser o lugar
Of all our dreams
de todos os nossos sonhos

But sometimes
Mas as vezes
I have an unrested desire
tenho um desejo incontido

To see my dreams in the reality
de ver meus sonhos na realidade

And I see her
E eu a vejo
Just saying:
apenas dizendo
Hi and bye
Oi e adeus
And my memory
e minha memória
This nimble child
esta criança travessa
it awake her and anymore wants to sleep
acorda e não quer mais dormir

I would like walk with you
Eu gostaria de andar com você
But you look me so far away
mas você parece tão distante
And I think If I should
E eu penso se deveria
Have desired your kiss one day
ter desejado seu beijo um dia

Then I guess
Então acredito
There's nothing to complain
que não há o que reclamar
I had love you
eu te amei
But you don't ask me to love you
mas você não me pediu pra te amar
Now I know what you need
agora sei do que você precisa
What's the girl of my memories need indeed

o que a garota das minhas memórias precisa
It's close your eyes
é fechar os olhos
Whose in love it made me believe
que no amor me fizeram acreditar
And sleep
e dormir
On my memories
em minhas memórias

Then I wanna leave you on the bed
então vou te deixar na cama
And cover up you
e te cobrir
And who knows
e quem sabe
Tell a fairy-tale happy
te contar uma história feliz
The last of my dreams
a última dos meus sonhos

And after sing
E depois de cantar
This softy melody
esta suave melodia
I wanna close the door
vou fechar a porta
That hold inside my memory of you
que guarda minha memória de você
And I hope open it anymore
e espero não mais abrí-la
I will try no open it nevermore
vou tentar não abrí-la nunca mais

And then I go away to my house
E então ir embora pra minha casa
On the mountain
na montanha
And try no rouse
e tentar não incomodar

You again.
Você de novo.

March, 22th 2003 at 01:42

On the air

I can see so clear
Posso ver claramente
Through above clouds so near
Através das nuvens próximas
There's no worries with time
Não importa o tempo
In the air
no ar

These few moments
Estes poucos momentos
That I'm falling from the sky
que eu caio do céu
I would like it goes on
gostaria que continuassem
For all my life
por toda minha vida

Of course there's no best
Concerteza não há melhor
Cold place to rest
lugar frio pra descansar
Than in the air
do que o ar

Over the ground, I'm diving so fast
acima do solo, eu mergulho tão rápido
But in a dream, somewhere
mas em sonho, em algum lugar

Even sleeping, I can fly on the air.
Mesmo dormindo, posso voar no ar.

(20-21/nov./05)

Parte III: Esfera gótica

Quão belo seria....se não houvessem elegias! Mas não é do que trata esta parte. Aqui, o Sol se pôs, a Lua não surgiu e não há estrelas no céu. E como um homem que se transforma em lobo, o poeta transforma-se em outro ser: mais amargo, sarcástico que a tudo critica: inclusive a si próprio.

Alma Gótica

Todos os dias
Ao acordar,
Forço-me a ter alegria

O motivo:
Saber que está vivo

Faço minha mente pensar:
Tendo pensamento positivo
Todo o universo estará comigo

Tento dar ouvidos
aos místicos
Mas isso é contra a lógica

Logo surgem os problemas
A evidência mais plena
da minha alma gótica

Junho de 2013

Alma perdida

Horas passadas
Noites passadas
Tanto foi desperdiçado
Remoendo o passado

Mais difícil é conviver
Com o perigo eminente
De não a esquecer
E a querer novamente

Justo eu que costumava crer
Que não há mulher tão bela
A ponto de não ter
Outra igual a ela

Mas se há outra
Onde se encontra
Talvez perdida
Em uma noite maldormida
Escrevendo poesias
Pra consolar sua alma desiludida
Por acreditar que há
Também outra alma perdida.

7-8 de agosto de 2005

Alma Severa

Da criança inocente
a lembrança
Do adolescente
alguma esperança

Nada mais trago do passado
E nem espero muito do futuro
É ácido, amargo
O gosto do mundo

Pessoas em quem se confia
São como pérolas perdidas
na areia da praia vazia

Sinto que tenho um coração de pedra
Uma alma severa
por sonhos que me deixaram a espera

Outubro de 2011

Augusto

Leio poemas em um livro
E penso comigo:
"Quem os terá escrito?
Será um eu mais antigo?"

O mais intrigante
é que mesmo distante
por mais de um século
Pensamos de forma semelhante

Tenho o mesmo olhar cético
E o mesmo inconformismo
com o mundo
Igual ao do meu amigo
Augusto

É pena que diferente dele
Não seja tão eloquente
E não verse perfeitas rimas
De fazer invejas aos classicistas

Para dar mais ênfase ao que protesto:
A política, injustiça, a tristeza e todo o resto!

E quem sabe um dia
nós versemos juntos
Eu e meu amigo Augusto
Alegrias em vez de elegias!

Julho de 2012 (Em homenagem ao poeta Augusto dos Anjos)

Beleza Dormente

Parte I

Uma jovem passa por aqui
E ela me chama a atenção
Não seu cabelo, rosto ou coisa assim
Mas ela estar deitada em um caixão

Ela que colhia rosas
E que ficava por horas
Decidindo qual seria a mais cheirosa

Ela que contemplava pétalas
Decidindo se as mais belas
Seriam as brancas, vermelhas ou amarelas

Hoje está toda coberta
Debaixo delas
E antes que seu corpo murche rapidamente
Contemplarei aquela beleza dormente

Parte II

Me disseram, mas não acreditei
Aquele rosto que tanto amei
Que beijei no sábado passado
Agora está frio, gelado

Aquela conversa que tínhamos tido
Ah, essas palavras ecoam pelo ouvido
A voz a qual fui displicente
Agora está perdida eternamente

Alguns dias

Alguns segundos
Muda-se uma vida
Muda-se tudo

Me mantive serenamente sem falar
Mas lhe dei um beijo, um último
E o desespero, só me fez chorar
Quando vi a pedra sobre o túmulo.

01/mai/2006

Consulta

Obs: versos iniciados com espaçamento são palavras do doutor. Os outros, do paciente.

-Doutor, estou doente
        -Naturalmente.
        Não há outro motivo
        para marcar uma consulta comigo
-Check-up de rotina?
        -No Brasil não há tal situação
        -A menos que a pessoa seja rica,
        -Não há prevenção.

Bem doutor,
Não sei o que acontece comigo
seja quando e onde for
sinto uma espécie de… pessimismo
terá algum defeito comigo?

Crer no futuro, na humanidade
eu tento
porém são tantas atrocidades
que afastam esse desejo

que irracional e ilógico
crer que o mundo não tem mais jeito
só porque há agrotóxico
no que comemos
e o que bebemos

Que mania de conspiração é essa
de achar que há uma imprensa manipuladora
que noticia só o que interessa
e tenta persuadir a população toda
Que desconfiança minha
achar que quem sabe uma notícia
de menos de 2 fontes distintas
simplesmente desconhece a notícia

E o que há com essas mãos
Que só por não ter segurança
por vezes tem uma vontade estranha
de fazer justiça com as próprias mãos

E o que há com esses meus olhos?
De certo nenhum doutor examinou direito
pois vejo manchas e defeitos
gigantescos
nos julgamentos que são feitos
prendendo inocentes
libertando delinquentes,
as vezes, até pela porta da frente
das penitenciárias.
graças as nossas leis falhas

E o que acontece com os meus pés?
por que dão passos de nervosismo
por que eles acham que há um complô unido
pros cientistas não desenvolverem meios alternativos
e nos forçar a usar carros
com a mesma tecnologia do século retrasado?

E meu braço?

por que tem espasmos
de tão desconfiado
com essas vacinas
pra tantas doenças repentinas?

Gripe viária, mal da vaca louca, e agora?
Só um laboratório tem a fórmula....
porém mais pessoas morrem de anemia
do que por qualquer pandemia

Por que acho que é tudo por dinheiro
Só por que 1/6 do mundo inteiro
implora pela vacina
mais simples chamada "alimento"?

Doutor, ouve o que estou dizendo?
        -Tome este medicamento.
        -aumentaremos a dose se não fizer efeito.
-Mas o senhor nem examinou direito
e… tarja preta não causa dependência?
um conhecido meu teve uma má experiência…
        É um caso a parte, coincidência.
        -parece que temos um questionador
respondeu-me com certo humor
        -Quem é que é o doutor?

E sem dizer algum diagnóstico
ele me disse: "Você ficará ótimo!
        -Próximo!…"

finalizado 28/jul/2014 00:58

17 anos

17 anos de idade
o tempo passa com velocidade

ou serei eu que sou lerdo
que não consegue acompanhar de perto?

    E fiquei a um gigâmetro[4] de distância
    de onde pretendia chegar
    com a cabeça baixa, pois me dá ânsia
    olhar pra frente, e ver o caminho a trilhar

Alguns estão em estradas
tão planas e largas
mas tais pessoas estão paradas
enquanto percorro estradas
onde buracos tornam-se valas
pra engolirem minha alma
enquanto tento chegar
    à cidade chamada Felicidade
    mas que desgraça!
    não tenho dinheiro para entrada
    porque me preocupar em andar
    se lá não poderei entrar?

E a cada ano que passa
minha velocidade vem diminuindo
até que chegando a hora exata
não estarei mais existindo

São 17 anos
cada vez mais cheios de sombrios planos
cada vez mais insanos
anos? 17 são
anos que vem e vão
quando chegará meu caixão?
anos? São 17
a cada ano a conta se repete
a idade cresce, a vida esmaece

    a cada ano, há coisas que se aprende
    há coisas que se esquece

---

4   Medida de distância equivalente a 1 milhão de quilômetros.

sobre o lugar que cada coisa pertence
sobre o lugar que cada coisa 'merece'

O lugar das artes é o museu
nos outros, a arte morreu
o lugar da beleza, nas flores se situam
assim como brotam, assim também murcham
o lugar do empenho
é o esquecimento
a primeira vez que se erra
é a lembrança eterna!
O lugar da alma pura
é entre o meio impuro
até que fique escura
e desalme-se de tudo

Só me resta perguntar
onde é o lugar
da tristeza e da alegria
do poeta e da poetisa?

    Quem diria! (que ironia!)
    ao final de tudo
    eles, no escuro profundo
    se encontram no túmulo.

finalizado 25 de março de 2003

Fantasma

Oh não, estou sendo assombrado
sei que algo está errado
só com as sombras do entardecer
surgiu algo que não queria ver

    Ou, será que queria

subconscientemente...?
fazer ressurgir a magia
que havia na minha mente

quando a ilusão que tinha
apenas me sorria
e por essa razão
alguma esperança vivia

Agora essa ilusão
só volta de vez em quando
traz dor no coração
e me deixa desanimado em um canto

Porque às vezes parece até existir
mas tenho certeza que ao tocá-la
essa ilusão irá sumir

Então só me resta fingir
que não acontece nada
que não perco a fala
quando vejo surgir
esse fantasma.

23/mai/2004

Funesto credo

Parte I

Quando era criança
tinha uma oração santa
que o meu sono embalava
toda vez que a rezava
Era a oração do Pai Nosso

Mas havia uma outra oração
que nem lembrar eu posso
Pois dos seus versos não tenho recordação

Graças ao bom Deus esqueci

Aquele funesto credo
que me deixava noites sem dormir

Era rezá-lo ao anoitecer
e pesadelos até o teto
era o que eu por certo ia ter!

Parte II

A razão não sei dizer
Por certo devia ter
boa intenção
minha mãe e quem inventou esta oração

Mas como uma criança
ainda pura de coração
em pesadelos via coisas estranhas
vivendo em um ambiente são?

Eu tenho por certo
a culpa é do funesto credo

Aos pais, por isso
Faço um apelo sincero
Não ensinem a seus filhos
o funesto credo.

(Sobre a oração católica do Creio-em-Deus-padre)
Em: 06/jul/2004 – terminada às 09:52PM

Geração Coca-Cola

Há algo errado
devo ter sido enganado
pelo livro didático

Onde já se viu dizer
que o inocente refrigerante

mal pode nos fazer

Aqueles comerciais tão cativantes
dos mais diversos fabricantes
dizendo que refrigerante é divertido,
que ele é seu amigo

Não podem estar errados
Ou será que estão?
Afinal, publicitários são éticos, civilizados…
ou será que não?

Desde criança, a tv sempre me diz
o que comer e o que beber
É difícil esquecer
Das propagandas dos programas infantis

Mas cresci
Aprendi
A ler o que o rótulo diz

Se não prestarmos atenção,
deste refrão
não haverá bis:

Sem vitaminas ou minerais
só açúcar e nada mais
é o que temos nas veias agora
geração Coca-Cola.

Novembro de 2013

In the shadow's night

I've been lost at no named site
Perdido em um lugar sem nome
unhappy of there I had been
arrependido de lá ter ido
I am the one who flee
sou alguém que foge
the dark street street fill the night

a rua sombria completa a noite
towards moonlight that lead me
em direção ao luar que me guia
but it, little by little lost its light
mas esse, aos poucos sua luz perdia
in the shadows night
nas sombras da noite

> **Will have I someday**
> Terei eu algum dia
> **The power of sky? why…**
> A força do céu? por quê…
> **only the rays**
> só os raios
> **shine on my life**
> brilham em minha vida
> **the night is so pretty**
> a noite é tão bonita
> **when you know it goes by**
> quando você sabe que ela vai embora
> **and come back another time**
> e volta em uma outra hora

Only the day
Só o dia
will make me see the skyline
me fará ver o horizonte
but it seems so far away
mas esse parece tão longe
as the world has begun
como se o mundo começasse
in a evening of yesterday
na tarde de ontem
the horizon's so far away
o horizonte fica tão longe
because I stay
porque eu fico
In the shadows night
nas sombras da noite

> **It's rain here outside**
> Está chovendo aqui fora
> **the night is so sad, so cold**

a noite é tão vazia, tão fria
I was musing about my life
eu refle ti sobre minha vida
my dreams so old
meus sonhos tão antigos
gone away on the waters passed me by
se foram na enxurrada
my dreams so old
meus sonhos tão antigos
are things of an ancient time
são coisas de uma época passada

my ideology, I don't really know
minha ideologia, não sei de forma exata
If it is ahead or behind
se está adiantada ou atrasada
But I just know
mas só sei
how much I'd flow
que quanto mais eu corria
more my ideology on these waters die
mais minha ideologia se diluía
on the rain that falls
na chuva que caía

I don't believe that history is mine
Não acredito que essa história é minha
I don't believe that history is yours
Não acredito que essa história é sua
How more we pace
Quanto mais se caminha
through the streets and the lanes
pelos becos, pelas ruas
the only light to guide
a única luz que nos guia
It's the unkind moon's shine.
é o brilho indiferente da lua.

Incongruências do tempo

8 horas de trabalho (ou mais)
8 horas de sono (ou menos)
e nas horas que resta
algum divertimento

Que lógica é essa?

eu não entendo…
o modo que nossa sociedade cega
dividiu o tempo

O trabalho enobrece
até certo ponto concordo
difícil é quando se perde
eclipses e cometas novos
só porque temos
que acordar cedo

O trabalho sempre presente
um cometa talvez nunca retorne
4 ou 5 horas de trabalho são suficientes
nunca fiz questão de ser 'nobre'

Que lógica é essa?
eu não entendo
a mente fica perplexa
com a divisão do tempo

Vi a lua cheia
há algo mais belo? me mostre.
essa luz tão forte clareia
que neste dia são inúteis os postes

Reconheci uma constelação
há algo melhor na tv? me mostre.
cada ponto do céu é uma abertura que pode
levar-nos a outra dimensão

Ao contrário da televisão
no céu, quanto mais a hora avança
mais própria é a programação
para as crianças

No entanto são pequenos
que dormem mais cedo
acostumados pelos pais
e as escolas os cúmplices principais

Que as escolas, indústria e comércio
cumpram novo decreto:
ao meio-dia abrireis
E empregados: Tarde da noite dormireis
e não haverá mais
do que 25 horas semanais

"Que insanidade!" - Disseram indignados
Mais noite, menos dia, menos trabalho
e teríamos lunáticos
olhando pra Lua parados

"Menos horas de trabalho,
menor a fila dos desempregados"
É uma ideia, apenas isto
Como eu, muitos têm surgido
com intuito de deixá-los convencidos
a aceitar um novo ritmo.

E respondi tácito:
Que os momentos que me fazem sentir vivo
que realmente me fazem sentido,
são aqueles que fico parado
sob o céu estrelado.

26-27/ago/2007

Informática

Informação: onde está?
Eu a quero agora, quero já
Informação automática
Informática

Tens um grande problema?
Divida-o crie pequenas soluções
que resolvam as suas porções
E terá fim o dilema

Como encontrar
uma maneira única
de representar
letras, cores partituras?

A resposta é tão simples
Há quem não acredite:
0101...01

E O sistema decimal foi tentado
Não superando no entanto, o binário
Informática nascia
Aumentando memória, dados e mais dados
Crescendo desemprego, mais que uma locomotiva!

Embora espalhasse verdades e conhecimento
Não deixou de servir a vícios e outros intentos.
Informações sobre bombas caseiras,
Acesso à informações pessoais;
Como saberíamos que chegariam a terra inteira!?

É por isso que digo de forma enfática:
"Bem-vindo à era da informática"

Outubro de 2013

Lágrimas

Ah minha amiga
Por que te intrigas

Com as lágrimas minhas?

Por quê insinuas
Que toda lágrima é de tristeza?
que toda nuvem é de chuva
ou que todo sol é calor com certeza
que toda lágrima vem de algo mal
que todo vento traz vendaval?

Não sabes que há pessoas
deveras tolas
que emocionam-se ao ver sorrir
as crianças pequenas
que mais tarde vão dormir
para contar estrelas?

Alguns encontram na natureza
extremas e raras belezas
Há até quem se encanta
com uma simples montanha
que ouve o vento
tomar árvores por instrumento
e compor uma sinfonia que ecoa
no balançar de simples folhas
Alguns são hipnotizados
pelos reflexos em um lago
outros, pelo sol depois da chuva
Alguns tem até a Lua por musa…
Cuidado com eles; talvez seja loucura…

Maio de 2014

Minha profissão

Como segundos passam os dias
Como minutos passam os anos
E pra todos os sonhos que tinha
O tempo está se acabando

Que indecisão, que tristeza
O tempo está me confundindo
Estou sentado nesta mesa
Para escrever palavras (às vezes) sem sentido
Enquanto minha vida está de ponta cabeça

Porque é tudo o que tenho aprendido
Para ser escritor não é preciso experiência
Que tanto exigem noutra profissão
Nem é preciso a insistência
Para ter o que garante a constituição

Mas há um único inconveniente
Em minha profissão
É que simplesmente
Não há remuneração

Pois quem paga pra ler
O que diz a poesia
A poesia diz o que deveria acontecer
Mas como devia ser
Todo mundo já sabia

É como se tivesse em todos
Um pouco de poesia
Com aqueles sonhos que você queria
Não ver só em sonhos

Alguém ao lado me pergunta:
Com que te ocupa?
Qual é a sua profissão?
Digo-lhe então:

Sem ordens, sem patrão
Contando apenas com a imaginação
Escrever poesia: é esta minha profissão

Há um silêncio durante um minuto
Quem me perguntou, ficou mudo

Embora me vendo
Escrever poesia
Trabalhando com palavras, sofrendo
Pra conseguir a rima
Ela não via
Aquilo como uma profissão
Eu era só alguém que tempo perdia
Na vã tarefa da transcrição
Dos sentimentos que estão no coração.

Outubro de 2011

Momento de lucidez

Quisera eu ter encontrado alegria
ao final das batalhas da vida
ao invés de ter encontrado alívio
em copos de vinho!

Quisera eu ter sido
o mais romântico dos namorados
em vez de ter parecido tão frio
ao fim do namoro terminado

Quisera eu ter lágrimas
pra quando acontecer coisas trágicas
em vez de segurar a emoção
e petrificar o coração

Quisera eu ter tido
a persistência do otimista
ao invés de ter desistido
de encontrar a pessoa escolhida

Se eu, bem intencionado

não faço tudo como planejado
então não posso condenar
meu irmão quando o vir tropeçar

Pois quisera eu ter vivido
cada minuto como o último dia
em vez de tê-los perdido
com o que não me traz alegria

Talvez não seja correto o que digo:
"Mas iludisse-me o vinho, a embriaguez
ao invés de ter tido
esse momento de lucidez."

10-11 de maio de 2007 01:04 AM

Não há vagas

Às vezes penso
No sentido da vida.
Às vezes penso…
Que atitude descabida!

Dormimos um terço
E trabalhamos outro terço
De nossa vida

Isso se não perdermos
O sono por causa do desemprego
Ou por causa da fila
Da previdência maldita

O trabalho que serviria
para enobrecer o ser humano
Não é mais que uma agulha fina
A ferir quem o está procurando

Aos jovens, saídos da adolescência
Dizem: "Falta experiência"
E aos empregados exímios
"Sobra idade no seu currículo"

E como bolas de gude espalhadas
Pelas mãos de uma criança mimada
Assim são os desempregados
(e por vezes, até os empregados)
sujeitos aos caprichos
da exploração do capitalismo

Rebelar-se? Para quê? Para nada.
Amanhã em nosso lugar, estará escrito
Sob uma grande placa:
"Há vagas…"

02-03 de Agosto de 2010

Necrópolis

Há um lugar
Onde a paz impera
E a pureza do ar
Não é contaminada pela guerra

Nem mesmo o silêncio é quebrado
Por tiros de balas
Não há sequer um malvado
E as casas não são caras

As flores estão em todo lugar
O lugar de cada um pequeno
Mas se acaso quiser morar…

Nesse lugar calmo e sereno
Venha, me acompanhe sem medo
Pois lá vou visitar

Abril de 2003

Novelas

Vejo dramas
Desenhados na tela
A personagem envolta em tramas
Que azar o dela!

Ou será o meu?
O telejornal encolheu
Por causa do último capítulo
Desse falso teatro gratuito

Novela é um filme esticado
Até a exaustão
Final? Mocinha e mocinho casados

Documentários, jornais?
Não, não, nossa população
Não merece saber mais.

Junho de 2014

Poesia vã

Parte I

Em concentração profunda
Me surge uma dúvida:
Qual a função correta
De um poeta?

Seria encontrar palavras certas
pra descrever coisas belas?
Em uma humanidade nem bela nem sã
qual a serventia, ó poesia vã?!

Olho o mundo
e sinto um pesar profundo
a violência me revolta

A injustiça me indigna
a impunidade, irrestrita
e digo:“A humanidade está morta!”

Parte II

Os filósofos estão…
Os heróis não são exceção
estão com os poetas mortos
vem ver a cova que te mostro

Nossa sociedade
prestes a se destruir
e em falsa pacificidade
tenho de admitir

Que a única coisa em que tenho
"algum" talento
Não mudará nada no mundo

Nem um único minuto
Não terá seguidores ou fãs
por ser, mera poesia vã

27-28 de dezembro de 2012

Poetisa

Onde estás poetisa?
Como não atende
Quem te convida
a escrever o que sente
nesta noite tão fria?

Compartilha
aqueles seus textos
de mais pura poesia
E talvez os juntemos
com palavras minhas
E façamos elegias

Apenas é preciso te ver
Para sentir energia
suficiente para escrever
muitas rimas...
muitas linhas...
à minha
poetisa

És tão bela
és tão sincera
Tão compreensiva
Tem uma letra tão bonita

Onde estás poetisa?
Tão bem entende
E é tão esclarecida

Versa tão perfeitamente
esta arte conhecida
por poesia

Que sinceramente:
Duvida que existas
minha poetisa

Será por uma acaso,
Que haverá
Outros planos ou dimensões
ou no bairro ao lado,
uma garota que escutará
as mesmas canções
Que eu escuto?

E ouvindo-as se inspirará
e escreverá
poemas em minutos?

Onde estás poetisa?
Por favor entende
Se não vem e não avisa
Me resta simplesmente
Escrever as próximas poesias
à Lua que vejo constantemente.

Junho de 2013

Prefiro

Hoje, eu quase não acredito
mas um dia eu amei
e até acreditei
neste sentimento desprovido
tanto de razão
quanto de precisão

As pessoas dizem ter
amor no coração
mas alguém pôde ver
exames que atestem tal alegação?

eletrocardiogramas, Raios X

até ressonância magnética
bem que se quis
mas não há prova concreta

O amor permanece improvável.
embora quase todos os poetas
afirmem ser a coisa mais bela,
e mais incontestável.

Posso (ou devo?) acreditar
no que não se pode medir
nem detectar?
Obrigado, mas prefiro não me iludir.

2011

Pressa

Uma vez conheci um índio
que dizia ter dúvidas
sobre nossa civilização

"Por quê esse vício
essa devoção, essa cultura
de ter tanta pressa? Qual a razão?"

Podia ter respondido
de forma diplomática
Dizer que tínhamos fascínio
pela tecnologia mais rápida,
mais avançada

Mas aquele não era
um dos melhores dias...
e disse-lhe que a pressa
era ganância e não tecnologia

Alguns queriam acumular riquezas
e criaram ocas chamadas de empresas
Nas quais pessoas trabalham para o cacique
e não para toda tribo que ali vive

Pois não há floresta
onde achar alimento
E quanto mais pressa
Mais comida temos

E para isso
usamos máquinas gigantes
Fiz na terra alguns rabiscos
De carros, aviões e do metrô da imigrantes

Mas quanto mais rápido chegamos
Mais pressa temos
Até que um dia nos aposentamos
e nos arrependemos
dos momentos não-aproveitados
Dos objetivos (alheios) alcançados
E a mente que já não é mais sã
Pensa em um devaneio
"Por quê? Pressa vã..."

2011

Promessa

Prometi esquecer
os sentimentos que tive
que me fizeram sofrer

Mas o que mais insiste
é o que causou mais dor:
é o amor

Não o amor paternal,
maternal ou fraternal
esses deram-me alegrias

Eu fujo do amor carnal
este é uma ilusão
a qual podemos perceber ou não

A intenção pode ser verdadeira
mas o amor é uma brincadeira
de duas crianças levadas:

A emoção e a ilusão
falsas expectativas criadas…
sentimentos em vão…

É preciso aqui fazer uma distinção
entre amor e amor-ilusão

aquele amor que faz
o coração acelerar,
a mão suar,

que nos traz
ansiedade, agonia
em vez de alegria

não é nada mais
do que uma abstração:
o amor ilusão

Prometo a mim mesmo
amar-me primeiro
antes de qualquer paixão

não é egoísmo,
é autoproteção

Prometo não abrir mão de nada
a menos que minha amada,
também o faça

não é desconfiança
é segurança

Prometo não escrever poemas
a ninguém exceto apenas
a quem mostrar reciprocidade

não é frieza
é serenidade

Prometo que darei presente
a uma mulher somente
em caso de amor de verdade
ou pura amizade

Daqui pra frente
Prometo prometer
à mim somente

Não é má vontade
é responsabilidade

E se ainda encontrar a pessoa certa
serei tão fiel a ela
quanto a estas promessas.   (Dezembro de 2013)

Reflexos

No espelho
eu vejo
reflexos

Simples traços
sob a luz desenhados
sem nexos

Em mim mesmo
eu vejo
dedicação aos versos
como um missionário.
Admiro as estrelas do universo
como um lobo solitário

No céu, tão complexo
eu vejo
como meros reflexos
os pensamentos que tenho

Tão significantes
quanto a pedra atirada ao lago
tão gratificante
quanto um raio de sol num dia nublado
tão fascinante
quanto ver o mesmo
reflexo de antes no espelho

O sol visto sob as águas mansas
o brilho no olhar da criança
o céu da noite enluarado
o pôr do sol vermelho-alaranjado
e até o mais belo
arco-íris será resultado
de simples reflexos

Luzes e sombras
na paisagem natural,
no autorretrato no espelho,
imagem real ou virtual

quase tudo que vejo
são nada menos
que meros…
reflexos

22/02/2014

Sem olhar para trás

Há tanto tempo
Since so many time
Que os problemas da vida que temos
The troubles of our life
Nos deixa sem saber
Let us with no hope
O que esperar do amanhecer
About the new day to come

Tudo o que se compre
All the money
O suor do seu trabalho
The sweat of your job
Não faz com que a vida seja doce
Don´t make life taste honey

Por isso quando ouvir seu chamado
´Cause it all when I hear the call
Pela última vez vou lembrar
I want to remember last time
Das lágrimas que havia derramado
About the tears that fell down

E assim vou encontrar
And then I will find out
Forças para continuar
Power to go on right
Seguindo sem olhar para trás.
With no look behind.

10-11/setembro/2005

Dança[5]

Em meio a noite, olha o vigia
sobre todos aqueles túmulos
A lua, que ilumina tudo
Faz do cemitério quase dia

De um jazigo
e em seguida, de outro
Um homem, suavemente vem vindo
de camisa branca, aos poucos

De pé agora
Seus ossos fazem ondas sonoras
Pelos tornozelos, ao dançar

Tanto jovens, quanto pobres
e anciãos e nobres
agitam suas faixas pelo ar

E como a timidez
não tem lugar por aqui
Eles se remexem, e um de cada vez
deixa sua faixa cair

E seus ossos
agora expostos
Mostram como é complicado
Fazer de todos esses estralos
parte do compasso
da nossa estranha...
dança!

---

5   Inspirado no poema Totentaz, do poeta alemão Goethe.

Outubro de 2011

Último desejo

Eis que pensei nesse momento
qual seria o meu ultimo desejo
depois de ver esmagado no asfalto
um sapo anêmico

Não poderia querer dinheiro ou coisas caras
que utilidade iriam ter
se minha própria cara seria enterrada
nada mais poderia ver

não quero um velório
cheio de coroas de flores
acho que ao arranjo é improprio
perder tanta beleza de cores

ao ser arrancado de um belo jardim
para murchar junto de mim

e a minha ultima vontade
é que deus traga felicidade
a todos que me deram sua amizade

E se não for muita vaidade desejarei
que Deus venha cremar meu corpo
com o fogo das estrelas que tanto admirei!

19-20 mar 2005

Um novo dia

Espero que o amanhã
Seja um novo dia
Que os erros dos quais me arrependo
Não arruínem minha vida

Centenas de movimentos certos
Constroem toda uma estrada
Um passo incerto
e será o fim da jornada?

Isso não é justo
Viver tem um alto custo
Que por um erro, todo acerto não se apague
Um novo começo, não há dinheiro que pague

Todos merecem uma segunda chance
Mas o difícil é a ter
Mas se tudo vir a ser como antes
eu vou fazer por merecer

Espero que amanhã seja um novo dia
Mais serenidade
Sem austeridade
E com alguma alegria
E que a vida continue seguindo
Pra que possamos aprender
Em vez de só sermos punidos

Espero que amanhã seja um novo dia
Mais serenidade
Sem austeridade
E com alguma fantasia
Que os erros do passado
Fiquem assim guardados.

Em 29 de janeiro de 2006

Vanished Dreams

At night
À noite
I see the stars
Vejo as estrelas
which can bright
que brilham
so far
tão longe

And between
e entre
my heart and my mind
meu coração e minha mente
I feel so tight
me sinto pressionado
and apart...
e dividido

There's a black hole
Há um buraco negro
in the sky above
no céu acima
It looks as it seens:
Parece que são
Vanished dreams
Sonhos desvanecidos

There's a heart alone
Há um coração solitário
under a mind so cold
sob uma mente tão fria
It looks as it seens:
é o que parece:
Vanished dreams
Sonhos desvanecidos

01/07/2013 seg

A vida é um jogo

Quando
Minha morte chegar
Quem em nenhum canto
haja alguém a chorar

Eu mesmo não choraria
Se alguém me avisasse
que só teria mais um dia
antes que eu expirasse

A vida é um jogo
onde nunca se vence
tudo o que se faz é pouco
é ineficiente

Desde de adolescente
desejei que o jogo tivesse fim
se a derrota é iminente
por quê insistir tanto assim?

porém, resolvi tentar
por acreditar
presunçosamente
que comigo seria diferente

que esforços passados
agora seriam recompensados
ou esforços que hoje faço
me farão um ser humano melhorado

A vida é um jogo
no qual nunca vencemos
as regras mudam o tempo todo
é esforço para alcançar o vento

A vida é uma partida sádica
preocupações com resultados sempre
quem acha a vida uma dádiva
que então viva eternamente

A minha vida
quero que tenha a energia
do canto da cigarra
tão logo começa, tão logo acaba

Por quê deveria
demorar-se a elegia?

05 de setembro de 2014

<table>
<tr><td>

*While have bats
   in the night*

</td><td>

*Enquanto houver
morcegos na noite*

</td></tr>
<tr><td>

This night, I've said to myself
Hey, wake up!
It's midnight
And you need arise
Because the are to arrive!

They have no religion
They aren't in a party line
They have no imposition
Only have something in their
minds
And an intention in their wings
Fly in the sky

I wanna be watching
This true liberty flight
While have bats in the night

The time will lie

</td><td>

Esta noite, disse a mim mesmo
Ei, acorde
É meia-noite
E você precisa acordar
Porque eles estão pra chegar!

Eles não tem religião
Eles não tem partido político
Eles não tem limitação
Só tem um objetivo

E uma intenção em suas asas
Voar no céu

Eu estarei assistindo
Este voo de liberdade
Enquanto houver, morcegos na
noite

O tempo vai mentir

</td></tr>
</table>

The hours to me
But neither it try
Anymore I'll see
The bats get ready
Over the stones
For that a moment reach
The flying overtone

They have no ideology
They don't made laws
And why would they need one?
After all
They only fly
Eat and drink
Some blood here or there
But don't kill its fellow beings

else for surviving.

As horas pra mim
Mas nem adianta tentar
Um pouco mais vou ver
Os morcegos estão prontos
Sobre as pedras
Para uma hora alcançar
A harmonia do voo

Eles não tem ideologia
Eles não fizeram leis
E porquê precisariam de uma?
Afinal
Ele apenas voam
Comem e bebem
Algum sangue aqui e ali
Mas não matam seus
semelhantes
A não ser pra sobreviver.

(Novembro de 2006)

Luto

Mais um ente querido
Pra sempre adormecido
Mais um de nós
que volta ao pó

Vejo pela última vez
tão frágil corpo
condói-me a palidez
de seu rosto

Mas sabendo o quanto sofria
de seu mal, que cura não teria
penso sereno:
descansou, do sofrimento terreno

Terminarei aqui este poema curto
já escrevi muito
para um dia de luto

7 de setembro de 2014

Parte IV: Fé

Achei pertinente que esta parte, a última do livro; contivesse pensamentos mais elevados. Talvez para o leitor, ficar com algo positivo na mente ao terminar a leitura do livro. Assim como o marinheiro experimenta a bonança depois da tempestade.

Inicialmente, esta seção chamar-se-ia 'religiosidade'; mas decidi alterá-la para 'Fé'. Pois como pode-se observar, não trata de nenhuma religião em específico, mas sim de alguém que busca por seu Criador.

Agradecimento

Ó Jeová, Deus supremo
Protetor do universo inteiro
Esta noite faço minhas preces
Não para fazer mais um pedido
Mas mostrar o quanto sou agradecido
Ao que a mim fizestes

Ó Deus poderoso,
és também misericordioso
Quando fui tomado pelo pessimismo
Te pedi forças, Senhor
E mesmo a um pecador
Ajudaste como um amigo

Quando me doía o peito
por algo que estava acontecendo
Era em Ti que confiava
Pra mostrar minhas preocupações

E Tu me ajudaste a achar soluções
Assim como dizia Sua palavra*

Eu que costumava pedir
Antes mesmo de dormir
Para que realizasse meus desejos
Aprendi o significado da frase:
"Seja feita Tua vontade"
Pois Tu sabes o que mereço

Sabes o que tenho
O limite dos meus medos
Confesso, tenho visto:
Não me deixaste passar
Por provação maior do que pudesse aguentar
E deste-me mais do que mereço

Por isso, a coisa mais justa
Depois de ter feito tantas orações curtas
Pedindo, pedindo muito mesmo
É fazer, com algum empenho
Das linhas deste poema
Uma pequena forma de agradecimento.

11-12 de Novembro de 2007 01:08AM

*"Lança teu fardo sobre Jeová
E Ele mesmo te susterá
Não permitirá que o justo seja abalado."
Salmo 55:22

Algum Tempo

Quando se multiplicam os problemas
A primeira coisa que se pensa
É que não há nada a se fazer
Que chegou o fim

Mas não é o que ouvi dizer
Quem inventou o fim falou pra mim
"Quem ouvir meus conselhos
Receberá como prêmio o tempo"

Tempo pra cantar, tempo pra dançar
Tempo pra amar, tempo pra caminhar
Mas enquanto não chega esse momento
De ter todo o tempo
Procuro algum tempo
Pra agradecer a Deus o que tenho

Algum tempo atrás
Quase entrei em desespero
Porque achei que tantas coisas más
Jamais teriam jeito

Descobri há algum tempo
A mais alta sabedoria
Em um livro que revelava segredos
Que sozinho nunca descobriria

Era de um sábio escritor
Que dizia estar perto o fim da dor
Eu o li atentamente

Falava de novos céus e nova terra
E de quando haveria tempo suficiente

Para encontrar as coisas belas.

13-14 de janeiro de 2006

> *"Pois eis que crio novos céus e uma nova terra;*
> *e não haverá recordação*
> *das coisas anteriores, e nem sufocarão o coração"*
> Isaías
> 65:17

Bilhões de religiões

Houve uma época que acreditava
Haver religiões demais
De modo que isso atrapalhava
Quem buscava assuntos celestiais

Hoje penso diferente
Somos 7 bilhões de habitantes
É urgente,
É importante:

Termos 7 bilhões
de religiões

Temos qualidades e defeitos latentes
Temos pecados e níveis de fé diferentes
Por que deveria haver então
Uma só religião?

Multidões lotam igrejas
buscando combater suas fraquezas
(físicas ou espirituais)
Às vezes, razão já não existe mais

Milhões buscando orientação
com pastores, padres de mais de uma religião

Para que alguém lhes mostre o caminho
que leva ao Divino

 Porém, ouvirão no máximo
Quais foram os passos
daquele instrutor
para chegar ao Supremo Senhor

Os quais não são necessariamente
os nossos passos faltantes
As únicas regras somente
Amar a Deus e nosso semelhante

Quaisquer outras regras
são convenções humanas
igrejas de tábua ou pedra?
missa 1, 2 ou 3 vezes por semana?

Doações ou dízimo?
Música ou oração em quase silêncio?
Usar o novo testamento ou antigo?
Tomar um cálice de vinho ou ser abstêmio?

Poderíamos criar uma religião
Com sete bilhões de regras
Mas um sábio disse em um sermão:
"Amar a Deus de mente sincera,
 e o teu próximo é o que completa
toda a lei e os profetas"

(Referente ao texto de Mateus 22:37-39)   Abril de 2012

Contradições

Eu bem que tento
Ser convincente
Para o julgamento
Eminente

Mas como um réu no tribunal
As confusões
Me levam ao juízo final
Cheio de contradições

"Tenho fé" - eu digo
Mas ao menor sinal de perigo
Gostaria de ter desaparecido

Mas no dia seguinte
Vendo calmaria em vez de ventos
Devo muitos agradecimentos
Pela vida que tenho

Agradeço a Deus em oração
Ter uma casa pra morar
Embora nas noites quentes de verão
Quisesse ao ar livre ficar
Pras estrelas admirar....

Peço sabedoria
Para enfrentar os problemas da vida
Mas quando um deles aparece
ergo as mãos em prece
Pedindo a ajuda divina.

5-6 de janeiro de 2006 01:00AM

Dízimo

"Já pagou seu dízimo?"
Dizem em tom pior que de agiotas
Se de Deus somos todos filhos
Deixe que Ele cobre em minha porta

Há padres e pastores
andando com bíblias desfolhadas
Por isso são leitores
sempre das mesmas páginas!

Na idade média
Muitos mataram em nome de Deus
Hoje a situação não é tão séria
apenas roubam em nome de Deus

Pegam alguns trechos
do livro sagrado
E fora de contexto
Interpretam ao seu agrado

Jesus fez mais
que qualquer padre ou pastor
Mas jamais
Cobrou dinheiro em nome do Senhor

Milagres gratuitos
Sermões ao ar livre
Apenas com o intuito
Que cada olho cego visse

Sabemos bem
o quê ou quem
é o deus de uma religião
Pelo tempo que lhe fazem menção

Jesus não falava de dinheiro
Falava de arrependimento
Jesus não aumentava investimentos, ações
Mudava corações
Jesus não pedia dinheiro
Como agradecimento
Mas falava sobre Deus e orações.

Março de 2013

Eternidade

Sem mais preocupações com o tempo
Sem pressa na caminhada
Tudo o que queremos
É não nos perder na estrada

É dada a cada um
Uma jornada
Pra alguns é muito curta
Pra outros, nunca acaba

Eu queria
Visitar
Distantes terras desconhecidas
Bem além do mar

Eu queria chegar
Perto de você
A tempo de ver
O próximo eclipse lunar

Mas estou preso
A falta de tempo

Esperando a felicidade
De um dia de eternidade

Quantas esculturas belas
Não deixaram de ser feitas
Quantas telas
Não ficaram só brancas ou pretas

Porque não havia ninguém
Com tempo o bastante

Para fazer
Algo melhor do que antes

Há quadros 1000 vezes mais belos
Que a mona lisa de Da Vinci
E é por certo
Que também existe
Esculturas 5000 vezes mais perfeitas
Que as da atualidade
Feitas por pessoas leigas
Em um dia de sua eternidade.

Texto base: 2ª Pedro 3:8 (Em? 2006-2007)

Luz

Ao andar eu procuro
Sobre o mundo obscuro
Mais do que tudo
A luz

Quando não há mais intuições
E nem aparenta haver mais razões
Para continuar no caminho,
Me confesso perdido
E novamente me reluz

A luz
Como de uma estrela
Que me traz vaga lembrança
Dos tempos de infância
De quando não havia problema

A luz
A procura é intensa
No fim do túnel se deduz
Achar alguma recompensa

Me esgueirando entre as sombras
Tomando gosto pelo (vento) frio

Até quando pareço estar na luz
Eu me sinto sombrio

Mas quando aparenta não haver razões
Para continuar no caminho
Me confesso perdido
Às estrelas, ao infinito
A quem fez tudo isso

E novamente, uma luz distante
Me reluz
Mas forte o bastante
Para me fazer crer: Jesus!

15 de maio de 2005

Mestre e aprendiz

Caminhando por uma estrada
Que as vezes parece curta, as vezes eterna
Atravessamos essa jornada
As vezes horrível, as vezes bela

Então me pergunto
Se estou no caminho certo
Se o que procuro
Está perto

Gostaria de ter todas as respostas
Esclarecer tudo em poucas horas
Mas não adianta folhear as páginas do livro
Há muitas coisas sem fórmulas

Principalmente as mais abstratas
Felicidade, amor, fé nas coisas sagradas
Sou feliz porque tenho fé

Eu tenho fé por ser feliz?
Sou feliz porque amo
Ou só amo por que sou feliz?

Tenho essas dúvidas por não ser mestre
Ou por não ter sido
Do mestre um aprendiz

2004

Movimento das estrelas

Parte I

Me perguntei um dia
Se nas estrelas haveria sabedoria
Elas sempre fazem o caminho certo
Nunca se perdem no universo

Mas eu vivo
Em espaço bem menor
E ainda assim fico perdido

Há uma inteligência maior
Que guia estrelas e meteoritos
E que sabe o caminho deles de cor

A todo momento
A sabedoria das estrelas em movimento
Desmentem teorias
Dos mais hábeis cientistas

Parte II

E eles fingem ter
A mesma sabedoria das estrelas no espaço
Mas ainda conseguem crer
Que o universo surgiu por acaso

Quem inventou a gravidade

Quem criou as leis da física
Quem pôs nas estrelas intensidade

Muita coisa sabia
E talvez até nos revelasse os detalhes
Se tivéssemos a eternidade

Há uma sabedoria
Ainda desconhecida da física
Que trata das leis supremas
Do movimento das estrelas

26-27 de novembro de 2005

Pai meu

Ó Jeová Deus
Senhor dos céus
Ouça este filho seu
que tenta ser fiel

Começando pelo pedido
que nunca seja
seu nome esquecido
pois é pela crença
neste nome divino
que tenho sobrevivido

Perdoa meus pecados
dos quais me arrependo
assim como tenho perdoado
quem se arrependeu do que tem-me feito

Mas a ambos
dai sabedoria
para descobrir onde estão errados

e perspicácia e autodomínio
para pôr em prática seus ensinos.

24 de julho de 2007

Quasar

Ínfimo demais
para ser uma estrela
belo demais
para ser um planeta

A única coisa certa
é saber que tens de mostrar teu brilho
para não ser imersa
na poeira e hidrogênio que vem vindo

Igualmente sei
a importância de mostrar algum brilho
seja um sorriso
seja andar na lei

Embora seja difícil
quando sombras estão a nossa volta,
aprimorar o raciocínio
e encontrar resposta
do porquê terem desaparecido
as palavras maravilhosas
com as quais faria minha história

Assim eu tento
mostrar meu descontentamento
fazendo versos
como uma forma de protesto

E sem esperança de ser ouvido
como meu amigo quasar
sem esperança de ser promovido
a um objeto de magnitude estelar

Ainda assim, vive insistindo
brilhar no infinito
dia e noite sem parar
sem ninguém para olhar

Assim eu também vou seguindo
sem nada pra falar
com meu amigo
Quasar

Igualmente sei
que é tão vão o seu brilho
quanto o meu sorriso
ainda assim tentarei

sorrir e andar no caminho, na lei
pois são nobres os motivos
que nos movem a fazer isso

Chego a pensar:
que cada quasar
é parecido comigo
como se fôssemos gêmeos univitelinos

Ele segue a lei celeste
e eu sigo a lei de quem o fizeste
Quasar, astro amigo
vê se não tenho razão no que digo:

Ambos temos o mesmo inconformismo
De tão diferentes
de nosso ambiente
termos nascido

Tu, entre bilhões de estrelas
e eu entre a humanidade inteira
ambos tendo o mesmo pensar
Tu, desejando figurar
nas lista das estrelas mais bonitas
e eu almejando olhar
meu nome no livro da vida

finalizada 17/06/2007 01:20AM

Wisdom heart

In my chest sometimes
Em meu peito às vezes
I have fear
tenho medo
About the things I know
das coisas que sei
It's so unclear
que não são claras

I look to the way
Olho o caminho
I know I have to follow
que sei que tenho de seguir
Is this highway
será esta autoestrada
made of sorrow?
Feita de tristeza?

I don't expect so much
não espero muito
Of our tomorrow
do nosso amanhã
Forgive-me my Lord, I step out
perdoe-me Senhor, eu hesito
In a time of doubt
em um momento de dúvida

Please give-me: a Wisdom heart
Por favor me dê: um coração sábio
I know how much small we are
eu sei o quão pequenos somos
I don't have my own light
não tenho minha própria luz
But I'm here in the middle of night
mas estou aqui no meio da noite
Looking to the stars
olhando para as estrelas
Oh God give-me: a wisdom heart
Ó Deus me dê: um coração sábio

When I think about I did or said
quando penso no que fiz ou disse
And I feel I need a new start
e sinto que preciso de um novo começo
I get on my knees I pray:
me ajoelho e rezo:
God give-me: a wisdom heart
Deus me dê: um coração sábio

www.ingramcontent.com/pod-product-compliance
Lightning Source LLC
Chambersburg PA
CBHW061255120726
48001CB00001B/309